삶과 배려

배려의 의미와 실천

이수연 · 한일조 · 변창진 공저

학지사

머 | 리 | 말

관심과 관계의 힘이란 무서운 건가 봅니다. 2004년, 자아에 대한 관심에서 시작하여 신경과학과 도덕성 그리고 현대 사회의 문제에 대한 담소를 중심으로 함께한 우리의 작은 '목요공부모임'도 어느덧 12년째에 접어들었습니다.

처음부터 무엇을 하겠다는 의도는 없었습니다. 다만, 학창 시절의 추억을 그리며 당시 대학 강의란 '업무'에서 자유로워진 변창진 선생님을 모시고 금오공과대학교에서 교육철학을 담당하고 계시는 한일조 선생님과 대구한의대학교에서 상담을 가르치는 저 이수연이 자유로운 분위기 속에서 이런저런 관심사를 갖고 모였습니다. 그런 가운데, 주로 하는 일이 글 읽는 것인 사람들이라 점차 재미있는 책, 논문들을 서로 읽고 공유하는 '놀이'를 계속 이어 가게 되었습니다. 이 책은 그 부산물입니다. 원래 의도하지 않은 것이라 어설픈 곳이 많긴 합니다. 하지만 생산물 없이 책만 파고드는 것은 문제라는 변 선생님의 질책을 받아들여 부족하지만 이렇게 세상에 내보냅니다.

시대가 포학하기도 하고 냉정하기도 합니다. 우리가 배려심이 많아 배려에 대해 쓴 것이 아닙니다. 그래도 현시대가 정의 못지않게 관심과 연민으로 보완되어야만 지속될 수 있을 것이란 생각이 들어서입니다. 언젠가 유명한 피아니스트가 한 말이 기억납니다. 나이가 들수록 자기 안의 남성성이 여성성으로 보완되면서 연주가 더 완숙해지는 것 같다고. 이 책이 사람들 안의 그런 조화에 조그마한 보탬이 되었으면 합니다. 아니, 그렇지 아니할지라도 지금까지 세 사람이 계속 '우리'라는 관심 안에서 서로의 증표가 되는 것만으로도 만족합니다. 그리고 함께하였다가 원고 정리를 도와주고는 목포해양대학교로 떠나게 된 이주미 선생님의 노고에도 감사드립니다. 감사합니다.

2017년 1월

경산 삼성산 자락에서

이수연

차 | 례

배려의 의미와 정신

1. 배려, 돌봄 그리고 케어
2. 배려의 사상과 역사적 배경

한자의 '아내 배(配)'와 '생각할 려(慮)'가 짝지어져 만들어진 배려(care or caring)는 사전적으로 풀이하면 사람이나 사물, 자연, 환경 등에 대해 '마음을 쓰다' '걱정하다' 또는 '근심하다'라는 뜻을 지닌 말이다. 하지만 현 용법에서는 주로 다른 사람 또는 그가 하는 일에 대해 '마음을 쓰다'라는 뜻을 지니고 있다. 즉 다른 사람이 처한 상황 또는 그가 겪고 있는 일에 대해 주의와 관심을 갖고서 위로, 격려하고 도와주는 따뜻한 마음씨와 그 행동을 배려라고 이해하고 있는 것 같다. 하지만 우리는 다른 사람이나 그가 처한 상황이나 일에 마음을 쓰는 것에 못지않게 자기 자신과 행동 및 주변의 사물에 대해서도 신경을 쓰고 걱정할 때가 많다. 그런 마음과 행동도 배려에 포함된다.

배려하는 마음씨와 행동은 인류 역사와 함께 비롯되었을 것으로 짐작된다. 인간들은 숙명적으로 공동체를 이루어 상부상조하지 않고는 생존하기 어려웠을 것이고, 지금도 우리는 공동체를 떠나서 혼자 살 수 없기 때문이다. 공동사회의 규모는 점점 커지고 복잡해지고 있으며 그럴수록 배려의 정신과 행동은 함께 살아가는 데 없어서는 안 될 중요 덕목 중 하나다. 배려의 마음과 행동이 결핍 또는 결여된 공동체는 그것이 어떤 형태의 것이든 화목하고 안정된 공동체로 성장, 지속될 수 없고 결국 붕괴, 소멸되고 만다. 그러므로 살기 좋은 공동체를 유지, 발전시키기 위해서는 다른 사람에게 따뜻한 주의와 관심을 기울이고, 그 사람이 처한 어려운 상황이나 그가 하고 있는 일에 대해 인간적으로 공감하고 보살펴 주려고 하는 마음과 행동이 절대적으로 요구된다.

그럼에도 현대사회는 안타깝게도 자꾸만 병적 이기주의로 빠져들고 있다. 이를 걱정하는 사람들이 1960년대에 접어들어 문제 해결을 위한 노력으로 배려하는 마음과 행동에 대해 새삼 주의와 관심을 기울이게 되었고, 여러 관련 분야에서 배려의 개념이 새로운 시각에서 검토되었다. 그러면서 배려가 사회의 핫 이슈로 등장해 우리가 배려하는 마음과 행동에 대해 다시 한 번 살펴보게 하는 주요 동력이 되고 있다.

로빈슨 크루소가 문명과 문화를 탈출하여 외딴 섬에서 혼자 살았다는 이야기는 말 그대로 소설에 나오는 이야기일 따름이다. 인류사회는 여러 사람이 함께 서로 어울려 사는 것을 전제로 한다. 그러한 사회에 배려의 마음과 행동이 없다면 사회는 수많은 모래알과 매서운 바람만이 있는 광야 사막과 조금도 다를 바 없다. 지금 우리가 살고 있는 이 세상은 극단적 이기주의, 특히 그것이 물질주의와 연결되면서 야기되는 갖가지 사회 문제가 끊임없이 이어지고 있다. 인류사회의 안녕과 발전을 위해 그 어느 때보다도 그리고 그 무엇보다도 절실하게 요구되는 것이 바로 배려다.

일상생활에서 누가 뭐라 하지 않아도 스스로 배려를 실천하는 사람들의 수가 적지 않다. 하지만 길을 잃고 울면서 헤매는 어린이나 교통사고를 당하고 길거리에 넘어져 있는 사람을 보고도 본체만체하고 그냥 지나가는 사람들도 많다. 최근 러시아에서 얼음판을 건너다 물에 빠져 허덕이고 있는 한 노인을 보고도 핸드폰으로 그 광경을 찍기만 하고 구조할 생각은 전혀 하지 않은 소년의 이야기가 세계적으로 큰 뉴스거리가 된 적이 있다. 소년은 어른이 죽은 것을 확인하고서도 그냥 '이제 완전히 죽었네' 하며 사진찍기를 그만 두었다 한다. 그런 사람의 사전에는 배려란 없고 그 의식 속에 배려하는 마음도 존재하지 않는 것 같다. 요즘 세태가 자꾸 그런 모습으로 가고 있는 것 같아 몹시 안타깝다.

배려라는 말을 사용하는 용처를 보면 배려란 전통적으로 가족, 친지, 동료, 이웃과의 관계를 중심으로 다루어져 왔고 육아, 교육, 의료/간호, 사회복지 분야를 중심으로 해서 주로 다루어져 왔다. 1960년대부터는 행정, 기업경영, 생산, 소비, 환경 등과 같은 분야에서도 배려의 마음과 행동에 관심을 갖기 시작한 것을 알 수 있다. 어쩌면 이는 배려 정신이 점차 약화되고 있음에 대한 반동으로, 산업사회의 변화에 따라 요구되는 새로운 모습의 배려 정신에 대한 절박한 인식의 결과라 할 수 있다.

우선 1960년대에 서서히 일기 시작하여 1980~1990년대에 접어들어 날로 확산되고 있는 사회적 책임(social responsibility)이라는 개념도 있다(Cooper, 2005; Dickson, 2006; Dickson & Eckman, 2006). 이때의 '사회적 책임'이란 배려와 거의 같은 뜻으로 사용되고 있든가 아니면 그 말에 배려란 말이 포섭되고 있다. 사회적 책임을 주장하는 사람들의 말을 따르면, 기업경영방침 또는 정책을 수립하고 관리할 때는 직원이나 정책 및 행정 서비스를 받는 사람들을 배려할 책임이 있다는 것이다. 회사가 직원을 배려하지 않고 직원이 회사를 생각하지 않는다면 그 회사는 유지, 발전할 수가 없다. 또한 생산자가 소비자와 제품의 소비에 대해 배려하지 않는다면 그 제품은 시장에서 사라지기 마련이다. 공생, 상생, 공존, 동반 성장을 하지 않으면 생존할 수 없다는 것이 그들의 주장이다. 생산자와 소비자는 각각 자신들이 지켜야 할 윤리적 규범을 준수, 실천하고 그와 동시에 생산자는 소비자의 윤리를, 소비자는 생산자의 윤리를 이해하고 적극적인 관심을 기울일 때에야 비로소 경제윤리가 실현될 수 있다는 것이 그들이 말하는 사회적 책임이며 배려다.

요컨대 배려란, 사회적 책임이란 말과 함께, 적용되지 않는 영역이 없다. 도처에서 극심한 사회적 혼란과 갈등이 빚어지면서 그만큼 배려가 오늘날 모든 분야에서 주요 화두가 되고 있다. 우리가 이 책에서 배려윤리를 다루는 것도 그러한 맥락이다.

전통적으로 배려란 도덕 및 윤리학의 중요 콘텐츠였고 교육 분야에서도 오래전부터 도덕교육 또는 인성교육의 일환으로 심도 있게 다루고 있으며 사람이면 누구나 갖추어야 할 필수적인 덕목으로 간주되고 있다(Tronto, 1993). 우리나라에서도 이나연(1997), 추병환(1998), 김수동(2005), 한평수(2009) 등이 배려와 함께 등장하는 윤리적 이슈를 다루었다. 배려하는 마음과 그것을 행동으로 나타내는 기술도 중요하지만, 배려에 내포되어 있는 도덕적, 윤리적 문제를 깊이 논의하고 성찰해야 한다. '배려'라는 행동은 언제나 그리고 반드시 선하고 착한 것으로만 드러나지 않고 상황에 따라서는 비윤리적, 비도덕적인 측면들이 그 속에 숨겨져 있기 때문이다. 여기서는 배려의 뜻이 좀 더 바르고 정확하게 이해될 수 있다면 배려하는 마음과 행동이 더욱 활성화되고 지금보다 좀 더 따뜻한 사회를 이룩하는 데 도움이 될 것이라는 믿음하에, 배려에 관한 이론을 체계적으로 이해하고 그것을 실천하기 위한 논의의 첫걸음으로서 배려의 의미와 정신을 (1) 개념적 측면 (2) 철학적 측면 (3) 역사적 측면으로 나누어 다루어 보고자 한다.

1. 배려, 돌봄 그리고 케어

이미 언급한 바와 같이, 배려는 다른 사람이나 그가 하고 있는 일에 대해 '마음을 쓰다' 혹은 '근심, 걱정하다'라는 뜻으로서, 때로는 '돌봄' 또는 '케어(care)'라 하여 서로 동의어로 사용되기도 한다. 굳이 구별하자면 '배려'란 주로 다른 사람이나 그가 하고 있는 일에 대해 걱정하는 마음을 가리킬 때를, '돌봄'은 '아이, 노인 또는 환자를 돌보느라 정신이 없다'고 할 때처럼 어려움에 처한 다른 사람들을 보살피는 행동을 가리킬 때 쓰인다. 영어의 경우 'care'를 우리말로 배려 혹은 돌봄이라고 번역할 때도 있지만, 'caring'(Fisher, 2005; Graham, 1995; Held, 2006)만을 '돌봄'이라고 번역하는 연구자도 많다(김혜경, 2012; 이나연, 2010; 추병환, 1999). 이는 주로 육아, 교육, 노인, 병약자를 보살피는 교육, 간호학, 사회복지 분야에서 사용되고 있는 용어로서, 배려의 행동적 측면을 강조하기 위해 때로는 번역하지 않고 '케어' 또는 '케어링'이란 영어식 표기를 그대로 사용하기도 한다.

그렇다고 해서 '케어'라는 말이 역사적으로 서양에서 먼저 생겨 그 말을 우리말로 번역하니 '배려' 또는 '돌봄'이 되었다고 말하고자 하는 것은 아니다. 배려, 돌봄, 케어라는 말은 사실 동양과 서양에서 거의 동시대적으로 사용하기 시작하였거나 아니면 동양에서 먼저 사용되었을지도 모른다. 다만 1960년대 이후 케어의 사상과 정신을 현대적 의미로 다시 다듬고 일반화한 것이 서양이고, 그 개념에 내포되어 있는 정신과 사상을 그들이 말한 그대로 받아들이고 이해할 목적에서 배려나 돌봄이란 말 대신 케어란 말을 쓰고 있을 뿐이다. 배려, 돌봄, 케어라는 개념을 보다 정확하게 이해하고자 한다면 우선 배려와 돌봄이란 용어에 함축되어 있는 의미를 최소 세 가지 다른 측면에서 살펴볼 필요가 있다.

배려와 케어라는 용어에는 각각 두 가지 요소—심리적 요소와 행동적 요소—가 함축되어 있다(Fisher & Tronto, 1991; Graham, 1984; Kemlical, 1999). 그러나 배려라는 말에는 타인 또는 남의 일을 '보호하고 도와주거나 보살펴 주려고 하는 마음', 즉 **심리적 측면**이, 그에 비해 케어라는 용어에는 타인 또는 남의 일을 '보살펴 주거나 도와주는 행동', 즉 **행동적 측면**이 강조되고 있다고 할 수 있다. 하지만 그 누구를 또는 어떤 일을 도우려는 마음이 없는데 어떻게 돕는 행동이 나타나겠는가? 정신과 행동은 개념적 차원에서나 구분될 수 있지 현실적으로는 구분이 불가능하다. 강조의 측면을 기준으로 그러한 구분이 나왔을 뿐이다. 그러나 그로 인해 두 낱말 사이에 의미적으로 약간의 뉘앙스 차가 있음은 어쩔 수 없다.

때로는 배려와 케어가 내포하고 있는 구제적 측면과 촉진적 측면을 기준으로 두 개념이 구분되기도 한다. 배려는 전통적으로 구제적 측면에 비중을 두었으나 전진적이고 긍정적인 사고를 강조하는 시대적 흐름과 더불어 배려의 구제적 측면 못지않게 촉진적 측면의 중요성이 부각되고 있다. 그러한 가운데 일부 전문가들의 경우 배려는 구제적 측면을, 케어는 촉진적 측면을 강조하는 개념으로 의미를 구분하고 있다. 하지만 배려와 케어의 구제적 측면과 촉진적 측면은 그것들이 어떤 목적으로 또 어떤 상황에서 사용되고 있는가를 설명하는 구분에 불과하며, 배려와 케어 둘 다 공히 구제적 측면과 촉진적 측면을 내포하고 있다고 할 수 있다. 결국 배려와 케어를 논할 때 심리적 요소와 행동적 요소를 따로 분리해서 다룰 수 없듯이, 그것들이 내포하고 있는 구제적 측면과 촉진적 측면도 따로 분리해서 설명하는 것은 비현실적이다.

끝으로 국립국어원에서 발간한 국어사전에서 배려와 돌봄이라는 두 낱말과 관련된 어휘들을 살펴보면 각각 [그림 1-1] 및 [그림 1-2]와 같다. 그림을 보면 배려와 돌봄의 개념적 차이를 직감할 수 있다. 배려 관련 어휘에는 '염려'와 '생각'이라는 두 낱말만이 열거되고 있으나, 돌봄 관련 어휘로는 '보호하다' '도와주다' '알선하다' '돌아보다' '원조하다' '조력하다' '주선하다' '비호하다' '보살피다' 등과 같이 조력적, 행동적 측면들이 많이 강조되고 있음을 알 수 있다. 그럼에도 배려 또는 돌봄이라는 말을 쓸 때 배려의 심리적 측면과 함

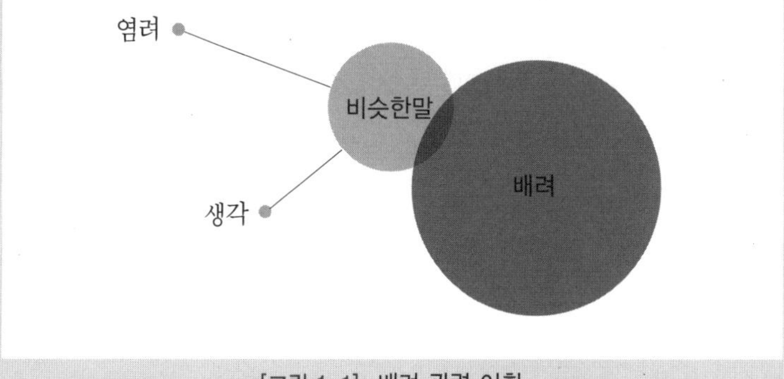

[그림 1-1] 배려 관련 어휘

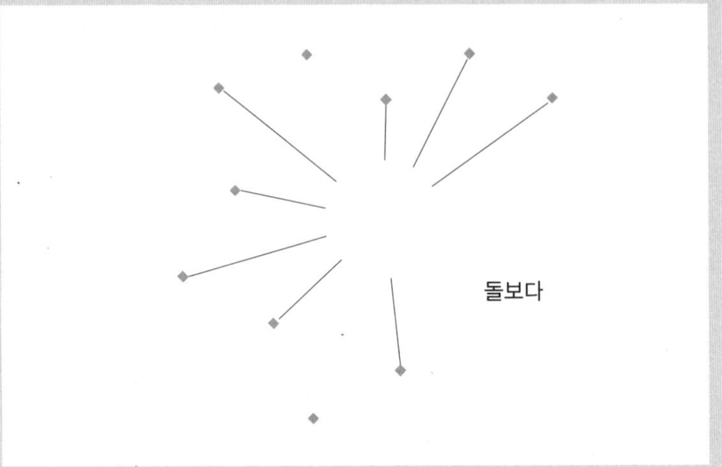

[그림 1-2] 돌봄 관련 어휘

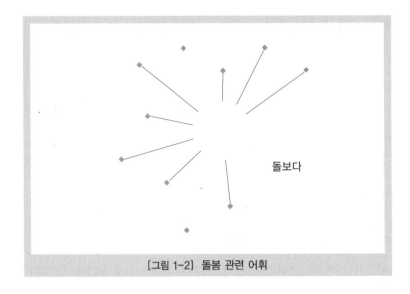

께 행동적 측면을 강조하는 연구자도 여전히 많다.

1) 배려의 특징

표현의 간결함을 위해 이제부터 배려라는 말을 돌봄이라는 뜻도 포함하는 포괄적 개념으로 사용하기로 한다. 때로는 배려에 관한 조작적인 정의보다 그 용어가 지니고 있는 특징들에 대한 설명이 그것이 무엇을 뜻하는가를 이해하는 데 더 큰 도움이 되기 때문에 그 뜻을 정의하기 전에 그것이 지닌 특징들을 먼저 살펴보기로 한다.

배려의 개념이 연구자와 관점에 따라서 다양하게 정의되듯이, 배려의 특징들도 실로 다양하게 설명되고 있다. 여기서는 다양하게 제시된 배려의 특징 가운데 네 가지만 검토하기로 한다. 물론 다른 시각에서 보면 배려의 특징으로 지금 여기서 말하는 네 가지 특징과 다른 것들이 열거될 수도 있음을 밝힌다.

(1) 타고난 '측은지심' : 배려란 인(仁)을 바탕으로 하는 '측은지심'(남을 불쌍하게 여기는 타고난 착한 마음)을 의미하며, 그것은 인간의 역사와 함께 나타난 말이다. 즉, 배려는 사랑과 인을 바탕으로 하여 다른 사람, 물건, 일, 상황, 사건 등을 이해하고 공감하는 마음 및 그 행동을 뜻한다. 다시 말하자면, 배려는 다른 사람이나 그 사람이 하는 일에 대해 관심과 주의를 기울이고 그것을 도와주거나 보살펴 주는 마음에서 시작된다. 그러므로 배려하는 마음 또는 심성이 배려가 표출될 수 있는 기본조건이며 근원이다. 배려하는 마음이 없는 곳에서는 배려하는 행동이 일어날 수 없기 때문이다.

(2) 감성적인 '따뜻한 이해' : 다른 사람이나 그가 겪고 있는 어려운 상황에 대한 '따뜻한 이해'가 선행되지 않고서는 배려하는 마음과 행동이 있을 수 없다. 이해라는 말은 주어진 사상을 보고 그에 얽힌 '사리를 분별하여 해석하다' 또는 '잘 알아서 받아들이다'라는 뜻을 지니고 있다. 이것은 배려에는 두 가지 측면, 즉 인지적 요소와 정의적 요소가 모두 작동하나 주로 정의적 요소에 의해 배려가 출현한다는 것을 의미한다. 그러므로 인지와 이해를 빼고서 배려를 논할 수는 없지만 배려란 기본적으로 감성적인 것에 바탕을 두고 있음을 시사한다.

(3) 도우려는 마음과 행동: 배려란 어떤 것(사람이나 혹은 사물/사건)에 대하여 '걱정하고 염려해서 도우려는 마음'에 기초하고, 그에 초점을 두고 쓰는 말이다. 타인이나 그가 처한 딱한 상황을

걱정하고 보살펴 주려고 하는 것이 배려이며 '남의 감정, 의견, 주장 따위에 대해 자기 자신도 그 사람과 같은 느낌, 주장 또는 생각을 갖게 되는 것'은 공감이라 한다. 그렇기 때문에 배려는 공감에 기초한다고 할 수 있다. 특히 감성적 공감에 바탕을 깔고 있는 마음이요, 행동이다. 즉, 공감에 기초하여 도우려는 마음과 행동이다.

(4) 개인 인품의 표현: 배려는 모든 사람이 각자 갖추어야 할 윤리적 덕목으로 인품의 한 측면으로 설명되어 왔다. 그러나 다른 면에서 보면 배려란 '자기표현'이라고 할 수 있다. 사전에서는 자기 자신의 생각, 신념, 감정이나 의지를 타인에게 드러내 보이는 것을 자기표현이라 설명하고 있는데, 배려도 개개인이 자기의 존재 또는 인간적 됨됨이를 드러내는 행위라 할 수 있다. 그러므로 소통이 없이는 자기표현이 나타날 수 없다. 타인이나 그가 처한 상황을 염려하고 도와주려는 마음은 있지만 그것이 어떤 형태로든 밖으로 드러나지 않으면, 그 사람은 배려하는 마음이 없고 인품이 모자라는 사람으로 간주된다. 때문에 배려를 자기표현이라 한다. 이렇게 배려를 자기표현이라고 주장하는 배경에는, 배려가 어려움에 처한 타인이나 그 상황을 염려하고 도와주는 이타적 행위로만 인식되는 것이 부당하다고 비판하면서 배려의 마음과 행동이 자신의 인간적 모습을 표출하여 자신의 인간적인 발전을 도모하려는 측면도 있다는 점을 환기시키려는 노력이 깔려 있다.

2) 배려 개념의 정의

앞에서 말한 배려의 특징들을 감안할 때 배려란 개념은 어떻게 정의되어야 할까? 그동안 많은 전문가가 배려의 뜻을 정의하려고 노력하였다. 그러나 관점에 따라 그리고 문맥에 따라 배려의 의미는 지극히 다양하게 정의되고 있다. 그로 인해 배려의 개념을 명확하게 이해하기란 결코 쉽지 않다.

많은 배려 전문가가 모든 상황에 적용할 수 있는 배려에 관한 '일반적 정의' 또는 '보편적 정의'를 도출하려 하고 있지만, '맥락적 정의' 혹은 '상황 특수적 정의'도 많다. 표출되는 상황에 따라서 그 양상에 상당한 차이가 있고, 그를 좀 더 구체적으로 설명하려고 하면 맥락적 정의를 하지 않을 수 없기 때문이다. 그간에 제시된 배려에 관한 일반적 정의와 상황적 정의 가운데 대표적인 것을 골라 소개하면 다음의 〈표 1-1〉과 같다.

〈표 1-1〉 배려의 대표적인 정의

Mayeroff(1971)	다른 사람이 성장, 발달할 수 있도록 도와주는 것(배려하는 사람과 배려를 받는 사람 간의 상호의존성 강조)
Paker(1971)	일시적으로 또는 영구적으로 스스로 자신을 돌볼 수 없는 사람 또는 그가 겪고 있는 상황을 안타깝게 여겨 염려하고 보살펴 주는 실질적인 행동
Dean & Boton (1980)	위험을 일으킬 수 있는 요소들을 계속 감시하고 통제하는 수단
Gilligan(1982)	정의의 도덕성에 대비되는 개념으로 인간관계, 책임, 상호의존, 유대, 애착, 동정심, 사랑
Noddings(1984)	외형적이고 관찰 가능한 행동보다는 헌신적인 태도(관계적 관점에서 관찰 가능한 행동보다 헌신적인 태도로 정의)

Bevis(1984)	어려움을 겪고 있는 다른 사람을 위해 갖는 따뜻한 마음
Graham(1985)	배려하는 마음(감정)과 그 마음을 실행하는 활동(행동), 즉 사랑의 헌신 또는 노동
Fisher & Tronto (1991)	배려의 행위적인 측면과 태도적인 측면을 통합하여 배려의 활동을 강조
Tronto(1993)	호혜적인 인간관계를 바탕으로 한 4가지 과정—타인 또는 그의 일이나 그가 처한 상황을 염려하고 관심을 갖는(caring about) 과정, 배려를 하기 위해 관심을 준비하고 책임을 지는(taking care of) 과정, 배려를 행동으로 옮겨 실천하는(care giving) 과정, 배려를 받는 사람이 배려를 받아들이고 그에 반응하는(care receiving) 과정
Tarlow(1996)	호혜적인 관계 속에 이루어지는 지속적이고 정서적이고 도구적인 상호교환의 과정으로 베풀고, 취하고, 수용하고, 교환하는 4가지 과정
Cancuan & Oliker(1996)	서로 얼굴을 맞대는 면 대 면의 관계에서 개인적 요구나 웰빙을 제공하고 받아들이는 감정과 행동의 결합
Kymlika(1990)	타인의 복지를 고려하는 원칙. 공리주의(복지란 최대다수의 최대행복)를 바탕으로 다른 사람의 복지(음식, 안식처, 고통의 회피, 자기존중에 대한 그들의 필요) 및 고통이나 부족함에 처한 사람들을 돕는 일을 포함
Hoffman(2000)	어려움이나 고통을 겪고 있는 누군가와 조우했을 때, 그 광경을 조우한 사람의 행동에 수반되는 도덕적인 추론 속에 나타나는 느낌과 행동(다른 도덕적 원칙과 마찬가지로 특별한 행동을 뜻하지 않는 추상적 개념, 도덕적 명령, 기본적 가치, 철학적 이상)
Lipman(2003)	타인에 대해 공감하고 그 공감을 전제로 하여 다른 대상을 존중하고 적극적으로 돌보는 성향을 지닌 사고로서 순간적인 감정의 상태가 아닌 지속적이고 합리적인 성향의 사고(인간의 사고는 비판적 사고, 창의적 사고, 배려적 사고 및 다차원적 사고로 이루어진다고 구분하고, 배려를 정의할 때에 '배려적 사고'를 특별히 강조)

Hamington(2004)	여성적 가치, 즉 주로 여성에게 요구되는 가치로, 덕성이라고 본 종래의 전통, 남녀노소 모두에게 요구되는 하나의 덕으로, 혹은 정의에 대한 대안적 개념으로, 혹은 윤리이론 이상의 어떤 덕성으로, 혹은 몸의 습관, 지식이 동원되는 개념
Held(2006)	동등하고 자율적이고 합리적인 개인을 전제하는 정의의 윤리가 적용될 수 있는 영역으로, 신뢰, 유대, 상호관심, 돌봄의 가치성 등과 같은 돌봄의 윤리, 정의의 윤리보다 포괄적으로 정의

배려에 관한 정의들을 읽노라면, '역지사지(易地思之)'—즉, 처지를 바꾸어 상대방의 입장에서 생각하라—라는 공자의 말씀이 떠오른다. 그것은 비단 상대방의 입장에서 생각하고 느끼는 것만 뜻하지 않고, 기르는 동물이나 식물의 처지 또는 세계 및 자연의 입장에서 그것들을 생각하고 위하며 보살피는 마음을 의미한다. 다른 말로, 그것은 공생·공존을 위한 나눔(sharing)을 뜻한다. 여기서 나눔이란 반드시 물질적 나눔만을 의미하지 않는다. 따뜻한 마음, 표정 또는 한두마디 인사말도 나눔이며 그 속에 배려가 담긴다. 이러한 배려는 자신을 성장, 발전시키는 동력임과 동시에 자신이 속한 가족을 비롯한 조직, 사회, 국가를 발전시키는 동력이다.

이와 같이 배려에 관한 정의는 너무나 다양하고 그 뜻이 다의적이다. 그를 종합, 정리하면, 배려란 '어려움에 처한 다른 사람이나 그가 겪고 있는 일에 대하여 마음을 쓰거나 혹은 염려하여 도와주려는 마음 및 그 행동'으로 정의되어 왔다. 즉, 배려에 관한 정의들은 배려의 뜻을 이해하기 쉽게 전달할 목적으로 배려가 지닌 드라마틱한 특징들을 축약하였다고 할 수 있다. 그렇다고 배려가 어려움에 처한 사람이나 그가 겪고 있는 일을 염려하여 도와주려는 마음 및 그 행동에 그치는 것은 아니다. 이러한 압축된 정의가 정당화되려면 다음과 같은 부대조건들이 고려되어야 한다.

첫째, 어떤 사람이나 그가 겪고 있는 일에 대해 마음을 쓰거나 염려하여 도와주는 것만을 배려라고 하지 않는 것은 배려의 대상이 아주 넓고 다양하기 때문이다. 자기 자신(건강, 일상행동, 품위 등등)과 자기가 하고 있는 일을 비롯하여 자연, 환경, 추상적인 관념(예를 들면 신앙, 사랑, 인정, 품행, 도덕) 등에 대하여 신경을 쓰고 가꾸려 하는 것도 배려에 해당한다(Noddings, 1995, 2005b).

둘째, 사고, 병환, 장애로 곤경을 겪고 있는 사람이나 상황을 안타깝게 여겨 도와주는 것만을 배려라고 하지 않는 것은 심신이 건강한 사람이 자기 자신이나 다른 사람의 일에 마음을 쓰고 보살펴 주는 것도 배려이기 때문이다. 예를 들면, 건강하게 잘 자라고 있는 아이들을 돌보는 부모들의 마음과 행동에서도 배려가 표출되며, 보육교사나 유아교사들이 아이들을 돌보는 일은 대부분이 배려에 해당한다(Hamington, 2004; Held, 2006).

셋째, 염려하고 도와주려는 마음도 진정 마음에서 우러나서 하는 것이 아니라면 배려라 보기 어렵다. 사회적 지위나 체면 등에 밀려서 하는 행위일 경우는 외형상으론 배려로 비칠 수 있지만 진정한 의미의 배려가 될 수 없다. 진정한 의미의 참 배려는 아끼고 사랑하는 마음에서 우러나는 행동이어야 한다(Noddings, 1995, 2005b).

넷째, 지금까지 배려는 주로 개개인이 지켜야 할 개인윤리로서 다루어 왔지만 사회가 날로 복잡, 다양하게 변화하면서 이제 배려는 사회윤리의 중요 덕목으로 강조되기 시작하였다. 주로 교육, 의료, 간호, 복지 분야에서 관심을 기울여 오던 배려의 윤리가 1990년대부터는 경영, 정책, 행정, 환경 등을 다루는 영역에서도 강조되기에 이르렀다. 예를 들면, 기업에서도 '기업의 사회적 책임'에 눈을 뜨고 '윤리경영' '착한 기업' 등과 같은 구호와 함께 기업이 각성, 실천해야 할 배려가 강조되면서 배려의 윤리 속 사회윤리 및 직업윤리의 측면이 부각되기 시작하였다(Dickson & Eckman, 2006).

2. 배려의 사상과 역사적 배경

철학자들은 배려에 대해 이미 오래전부터 관심을 기울여 왔다. 배려란 인류의 역사와 함께 오랫동안 논의되어 온 개념이라 할 수 있다. 동양철학에서는 순자(荀子, 289~238 B.C.)와 맹자(孟子, 327~289 B.C.)가 배려에 대해 직간접으로 언급한 바 있다. 인간의 본성을 태어날 때부터 악한 것으로 규정한 순자의 성악설에서는 배려하는 마음을 후천적으로 터득해야 하는 품성으로 규정하지만, 인간의 본성이 선천적으로 착하다고 한 맹자의 성선설을 빌리면 다른 사람 또는 그의 일을 염려하고 걱정하여 도와주거나 보살펴 주려는 마음은 모든 인간이 타고난 본성으로 간주된다. 서양철학에서 케어의 정신은 고대 그리스의 인간중심주의(hellenism) 그리고 그 후의 인도주의(humanitarianism), 계몽주의(enlightenment), 박애주의(philanthropism) 등과 같은 일련의 사상과 함께 숨 쉬며 피어나온 정신이며 실천운동이다.

1) 동양의 배려 사상

동양철학에서 유교와 도교는 도(道), 인도(人道) 혹은 인륜(人倫)이란 이름으로 사람이면 마땅히 지켜야 도리를 주장하였는데 그것은 배려의 철학적, 사상적 바탕이기도 하다. '인도'란 하늘이 내린 성품으로서 인간이라면 마땅히 따르고 지켜야 할 도리를 뜻한다. '인륜'이란 인간사회가 규정하는 것으로 인간이 지켜야 할 도리를 뜻한다는 점에서 인도와 인륜은 그 의미에서 차이가 있다. 그러나 궁극적으로는 둘 다 '모든 사람이 각자 인간으로서 마땅히 지켜야 할 도리'라는 것을 주장하므로 두 개념은 같은 뜻을 지닌 말로 받아들여져야 한다. 한대(漢代)의 동중서(董仲舒)는 공자가 말한 인(仁), 의(義), 예(禮), 지(智)에 신(信)을 덧붙여 이들을 사람이라면 항상 어디서나 반드시 지켜야 할 다섯 가지 도리, 즉 오상(五常)이라고 하였다. 그것은 오늘날 오륜(五倫)과 함께 교육윤리의 근본원리가 되었다.

『주역(周易)』에서는 "인도(人道)라는 말은 어질 인(仁)과 옳을 의(義)를 가리킨다."라고 하였다. 인(仁)은 아랫사람에게 베푸는 도타운 사랑, 즉 자애(慈愛)를, 의(義)는 자신의 이익을 생각하지 않고 인도를 위하여 진력하는 것이 바르고 옳다고 믿는 마음과 행동을 뜻한다. 여기서 '아랫사람'이라는 표현을 '연소한, 노약한 혹은 어려움에 처한 사람으로' 확대하고 의(義)를 인(仁)을 표출하는 데 없어서는 아니 되는 힘이라고 보면, 『주역』에서 말하는 인(仁)과 의(義), 그중에서도 인(仁)은 서양에서 즐겨 사용하는 말, 즉 박애의 정신과 같은 것으로 해석할 수 있다.

한편, 공자는 인(仁)을 사랑 애(愛)라고 풀이하면서, 인격 가운데 정

(情)의 측면을 특별히 강조하였다. 이때 인격은 사람으로서의 됨됨이, 품격, 자격을 말하고, 그것은 개인 각자의 지(知), 정(情), 의(意) 및 육체적 측면을 총괄하는 전체적 동일체를 의미한다. 그의 주장을 빌리면, 인(仁)은 주로 정적(情的) 측면과 연관된다. 일반적으로 정(情)이란 다른 사람이나 사물에 대하여 느껴 일어나는 마음, 그중에서도 사랑이나 친근감을 느끼는 마음이다. 어려운 상황에 놓인 사람을 안타깝게 생각하고 즐겨 도움을 주려는 따뜻한 마음, 즉 그러한 감성을 인정(仁情)이라 하고, 성선설에서는 그것을 인간의 본성 가운데 하나로 본다.

우리나라에서의 인도주의 정신은 홍익인간(弘益人間) 이념과 경천애인(敬天愛人) 사상에서 찾아볼 수 있다. 그중 '홍익인간'은 고려 충렬왕(1269~1342) 때 일연(一然)이 쓴 『삼국유사』의 단군신화에 나온 말이다. 『삼국유사』에서는 "천신인 환웅(恒雄)이 인간 세상에 내려와 시조 단군(檀君)을 낳고 나라를 열게 되었는데 이때 그는 널리 인간세상을 이롭게 하기 위한 이념을 갖고 있었다."라고 하였다. 여기서 '인간'이란 오늘날 우리가 말하는 '사람'이 아닌 '사람이 사는 세상'을 의미하였다. 그러한 고조선의 건국신화가 1945년 8월 15일에 해방을 맞이하고 건국선언을 할 때 대한민국의 건국이념으로 승화되었고 이 나라의 교육이념으로도 채택되었다.

'경천애인'도 단군신화에 그 기원을 두고 흔히 사용되는 한자어로서 건국이념이자 교육이념인 홍익인간과 거의 같은 뜻을 지니고 있다. 일연(一然)이 단군신화를 서술하면서 '경천(敬天)'은 '지고(至高)한 가치와 꾸밈없는 자연의 법칙을 공경함'을, '애인(愛人)'은 '사람을 최상의 가치를 지닌 존재로 존경하고, 그 어떤 경우에도 수단으로

해서는 아니 되는 신성한 존재로 사랑해야 함'을 뜻한다고 하였다. 바꾸어 말하면, 그것은 곧 '하늘을 공경하고 사람을 사랑한다'는 뜻의 말로서 '하늘을 우러러보며 사람을 귀하게 여긴다'는 뜻을 지니고 있다. 이러한 사상은 우리 민족의 원시 신앙의 바탕이며 단군신화의 핵으로서 화랑도의 세속오계와 도학사상에도 그 맥이 면면히 흐르고 있다.

이러한 경천애인의 정신은 기독교 성서에서도 찾아볼 수 있다. 마태복음 22장 37~39절의 "네 마음을 다하고 목숨을 다하고 뜻을 다하여 주 너의 하나님을 사랑하라 하셨으니 이것이 크고 첫째 되는 계명이요 둘째도 그와 같으니 네 이웃을 네 자신같이 사랑하라 하셨으니"라는 하나님의 말씀은 한자로는 바로 경천애인을 뜻하는 말이며 지금 우리가 말하는 배려의 정신이요, 인간 케어의 정신이다. 이처럼 표현은 서로 다르지만 모든 문화권과 종교에서 '다른 사람을 아끼고 사랑하라'는 정신을 강조하고 있다. 홍익인간의 정신은 경천애인의 정신과 함께 우리나라 정치, 경제, 사회, 문화의 최고이념으로서 윤리의식과 사상적 전통의 바탕을 이루고 있다. 그런 점에서 보면, 우리나라와 우리 민족은 그 어느 국가와 민족보다 배려의 정신이 깊고 강했다고 할 수 있다.

2) 서양의 배려 사상

서양철학에서 말하는 인도주의는 '인간다움'을 존중하는 대단히 광의의 사상적, 정신적 태도를 가르치는 개념으로 인간주의, 인문주의, 인본주의라고 일컬어지기도 한다. 시대와 지역(국가) 그리고 그것을 주장하는 학자와 관점에 따라 해석상 상당한 차이가 있기는 하지만, '인간다움'을 존중하는 대단히 넓은 뜻을 지닌 사상이다. 이러한 인도주의 사상은 두 갈래, 즉 르네상스 운동과 인본주의 사상에서 찾아볼 수 있다. 우선 르네상스(Renaissance)는 고대 그리스, 로마의 전통(학문 및 예술)을 재생, 부활시켜 새로운 문화를 창출해 내려는 운동이었고, 그 범위는 미술, 건축 등을 비롯하여 여러 방면을 아울렀다. 그 운동은 인간성의 해방과 인간의 재발견 그리고 합리적인 사유(思惟)와 생활태도의 길을 열어 준 선구로 보인다. 17세기에 들어서면서 휴머니즘은 근대과학의 합리적 정신이 결부되었다. 데카르트(René Descartes, 1596~1650)는 "인간 이상도 이하도 아닌 인간"을 해방하는 차원에서 진리를 탐구해야 한다고 하였다. 신학과 같은 '은총의 빛'이 아니라 '자연의 빛'에 의해 세계를 인식하자는 것이 데카르트와 같은 이성주의 철학자들의 사상인데 이것이 인본주의에 불을 지폈다고 할 수 있다.

이와 같은 휴머니스트의 지혜와 이념이 과학 및 기술과 결부됨으로써 의미가 약간 변질되었지만, 그 후 인도주의는 17세기 후반 영국에서 싹튼 계몽주의 사상이 유럽 여러 나라로 전파되면서 18세기 계몽주의 사상가들에게 계승되어, 교회의 절대적 권위에 바탕을 둔 구습의 낡은 사상을 타파하고 이성(理性)의 힘을 동력으로 하여 사람을 인간답게 살게 하기 위한 사회로의 혁신을 목적으로 당시의 시대적 중심 사상이 되었다. 즉, 계몽주의 사상은 18세기 유럽 문화의 밑바닥에 흐르는 기본정신이었으며, 인간이 이성이나 경험의 힘으로 각자의 지상적 행복을 달성할 수 있다는 인간중심적 확신을 심어 주었다. 특히 계몽주의는 교회의 특권과 봉건 전제 왕권에서 나온 절대주의 및 신본주의를 비판하고 인본주의의 깃발을 들고서 '사람으로서 인간적으로 살아가려고 시민으로서의 권리를 쟁취하고자 한 시민혁명의 사상적 기반'이 되었다. 당시 유럽 국가(예를 들면 영국, 프랑스)에서 일어난 시민혁명들은 나라마다 그 양상에 약간의 차이는 있지만 인도주의와 계몽주의 사상을 기반으로 하여 일어났고, 절대주의적 왕권 및 봉건 권력을 타도해 부르주아 및 노동자 농민을 비롯한 일반 시민들을 그들의 횡포로부터 해방하고 근대국가를 수립한 급진적 정치혁명이었다. 그 결과, 봉건적 생산관계가 쇠퇴하고 사유재산제가 확립되었으며 자본주의와 의회정치가 발전되어 일반 시민들의 인권과 권리가 강화되었다.

이와 같이 계몽주의 사상은 사람들을 이성을 바탕으로 인간적으로 살아가는 데 필요한 지혜와 그 권리를 쟁취하도록 계몽하는 데 있었다. 그 정신에 내포되어 있던 인도주의 정신, 즉 박애정신은 당시 유럽의 철학과 교육 분야에서 꽃을 피우기 시작하였고 정치적으로는 유럽 여러 나라에서 발생한 시민혁명의 사상적 기반이 되었다. 프랑스 대혁명이 그 대표적 케이스다. 프랑스 대혁명은 자유(自由), 평등(平等), 박애(博愛)를 혁명의 모토로 삼았다. 이때 박애란 출생, 신분, 지위, 계층, 종교 등의 조건들에 관계없이 모든 사람을 평등하게 사랑하고 아껴야 한다는 통렬한 절규였다. 즉, 박애는 인도주의 사상의 핵이었다.

하지만 계몽주의에서 표출된 박애정신이란 이미 기원전부터 존재했으며, 르네상스 운동과 계몽주의 사상에 배태되어 있다가 다시 박애주의라는 이름으로 단장하여 표면화했을 뿐이다. 박애라는 말의 어원은 그리스의 비극 작가 아이스킬로스(Aeschylos, 525~456 B.C.)

가 "신들을 사랑하는 것보다는 인간을 사랑하라."라고 말한 데서 찾을 수 있다. 그러한 생각과 행동을 '인간애(philanthropia)'라고 불렀는데, 후에 이 말이 다시 '박애(philanthrop)'로 옮겨졌다. 아리스토텔레스(Aristotle, 384~322 B.C.)도 『시학』에서 극악무도한 인간에 대해서도 느끼는 '사랑의 아픔'을 인간애라고 보았으며, 세계 시민주의를 주장한 스토아학파 철학자들도 박애주의의 입장에 있었다. 로마 시대에 들어와 그 말은 'humanitas'로 번역되어 단순한 인간애만이 아니라 넓은 교양을 나타내는 '인문(人文)'이란 뜻의 말이 되었다가, 그 후에 이른바 '휴머니즘적 이념'을 뜻하는 것으로 변화하였다. 이후 박애주의는 인간의 존엄성과 인격, 휴머니티를 존중하면서 모든 사람은 각자 평등하고 자유롭다는 사상에 입각하여 인종, 국적, 종교 등을 초월한 인간애를 강조하는 사상으로 인식되기 시작하였다.

근대에 이르러 휴머니즘은 박애 사상을 실천하는 운동으로 그 모습을 나타낸다. 박애 사상을 실현하려고 노력한 대표적인 인물은 영국의 계몽주의 사상에 영향을 받고 "모든 사람을 차별 없이 널리 사랑할 것"을 주장하는 범애주의(汎愛主義)를 펼친 독일의 사상가이며 교육자인 바제도(Basedow, 1724~1790)였다. 그는 프랑스의 철학자이며 교육자인 루소(Rousseau, 1712~1778)로부터 이어받은 교육이념 아래, 1774년 범애학교(Philanthropinum)를 설립하여 범애주의라고 하는 박애주의 교육을 실시하였다. 루소의 『에밀(Emile)』을 읽고 깊이 감명하여 교육에 몰두하게 된 스위스의 교육자이자 근대 교육의 아버지라고 일컬어지는 페스탈로치(Pesstalozzi, 1746~1827)와 독일의 교육자이자 유치원 창시자인 프뢰벨(Fröbel, 1782~1852)도 범애주의를 교육이념으로 채택하여 실현하려고 애썼다. 그들은 모두 근대 박애주의를 교육 분야와 연결하여 인간애의 정신을 실천하였다.

한편, 박애주의 정신과 그 실천은 적십자(Red Cross) 운동과 그 정신에서도 선명하게 드러난다. 국제적십자운동을 창시한 사람은 스위스의 사회사업가 앙리 뒤낭(Henri Dunant, 1828~1910)이다. 그는 1859년 6월, 31세의 젊은 나이에 이탈리아의 통일전쟁을 목격하고 그 전쟁터에서 직접 전쟁 상병자를 구호한 체험을 바탕으로 『솔페리노의 회상』(1862)을 출판하였다. 그는 전쟁터에서 그 누구의 도움도 받지 못하고 부상으로 신체적 고통과 죽음의 공포에 떨고 있던 그들에게 도움의 손길이 필요하다는 사실을 절실히 느꼈다. 결국, 그는 자신의 일도 뒤로한 채 고통에 신음하는 부상자들을 돕는 일에 발 벗고 나서게 되었다. 18세기 말부터 전시 상병자를 구호하는 필요성이 간혹 거론되었지만, 뒤낭이 쓴 책이야말로 전시 상병자 간호의 필요성에 대한 세계적 공감과 호응을 이끌어 내는 데 큰 영향을 미쳤다. 1863년 '제네바 공익협회'가 직접적인 계기가 되어 이른바 '5인 위원회'가 전시 상병자 구호를 위한 국제 상설기관을 설치할 것을 주창하였고, 바로 그해에 드디어 스위스 제네바에 국제적십자위원회를 그리고 각국에 국가별 적십자사를 설립하게 되었다. 그러면서 국제적십자는 그 직원에게 중립적 지위를 인정하고 국제적 보호를 제공할 것을 요청하였다. 그 후 1867년 파리에서 1차 국제적십자회의를 개최하여 전시 상병자의 보호, 전쟁터에의 응급구호소 및 육군병원의 설치, 의사와 간호요원의 중립 보장을 규정하고 이른바 적십자 조약인 '제네바 협정'을 체결하였다. 그리고 그러한 적십자의 인도주의 정신이 제1차 세계대전(1914~1918) 중 전쟁터에서 꽃을 피우게 되면서 많은 국가가 활동에 동참하게 되었다.

제1차 세계대전 후 1919년에는 적십자 사업을 평상시에도 전염병 예방, 보건/위생 교육이 필요한 지역이면 국가와 인종, 종교 등을 가리지 않고 실시하기로 결의하고 '적십자연맹'을 설립하였으며, 그 후 이 활동은 세계의 거의 모든 국가에 계속 확산되었다. 제2차 세계대전(1939~1945) 중에는 국가를 가리지 않고 전쟁 상병자들(군인과 민간인)을 돌보았으며 피난민을 보호하는 활동에도 참여하였다. 이후에도 종족 또는 영토 분쟁으로 발생한 전쟁을 비롯한 기타의 자연재해, 빈민, 난민, 기아, 질병으로 고통받는 모든 어려운 사람에게 출생, 계층, 인종, 종교 등을 초월하여 평등하게 사랑과 도움을 제공하는 활동을 꾸준히 이어 가고 있다. 이와 같이 적십자 활동은 인도주의 정신이 조직적으로 전개되고 있는 대표적 방식 중의 하나다.

적십자의 이러한 박애정신은 나이팅게일(Nightingale, 1820~1910)과 슈바이처(Schweitzer, 1877~1965) 박사의 의료 활동에서도 찾아볼 수 있고 테레사(Theresa, 1910~1997) 수녀와 이태석(1962~2010) 신부의 삶에서도 찾아볼 수 있다. 세계적인 조직으로 운영되는 적십자사와는 달리 이들의 인도주의적 봉사는 개인적으로 수행되었다는 점이 특징이다. 나이팅게일은 1854년 크림 반도에서 영국, 프랑스와 러시아 사이에 전쟁이 일어나자 뜻있는 간호사들을 데리고 터키의 스쿠디 병원에 설치된 낡은 막사에서 아군과 적군을 구별하지 않고 부상병을 돌보았다. 그때부터 그녀는 "광명의 천사" 혹은 "백의의 천사"라는 이름으로 칭송되기 시작하였으며, 이어 근대 간호 이념과 방법의 틀을 세우게 되었다. 국제적십자위원회는 창립 100주년을 기념하여 '플로렌스 나이팅게일 기장'을 제정하여 간호사에게 수여하는 최고의 영예로서 전쟁, 자연재해, 응급사태와 같은 어려운 상황에서 활동하는 모든 간호사와 간호보조사의 노고를 기리는 상으로 수여하고 있다. 그리고 독일 의사 슈바이처는 생명의 경외(敬畏)가 인간윤리의 기본임을 깨닫고 아프리카 정글에서 오직 그곳 주민들의 건강과 질병을 보살피는 데 일생을 바쳤으며, 인도 콜카타에서 사랑의 선교를 실천한 유고슬로비아 출신 테레사 수녀도 45년간 빈민과 병자 그리고 죽어 가는 사람들을 위해 헌신하였는데 빈민과 병자를 위한 그녀의 정신과 실천은 점차 전 세계로 확산되었다. 우리나라의 이태석 신부도 오랜 내전으로 황폐해진 아프리카 수단의 오지인 톤즈(Tonj)에서 말라리아, 콜레라, 나병과 같은 갖가지 질병으로 신음하는 환자들을 돌보았다. 또한 아이들을 위해서 학교를 세우고 교육과 선교 활동을 펼치는 한편 톤즈의 브라스 밴드를 구성하여 그들의 마음을 달래는 일을 하다가, 젊은 나이로 세상을 떠났다. 그가 한 활동은 인류애적인 정신에 바탕을 둔 대표적 전례가 되고 있다.

오늘날 적십자 활동은 그 세가 더욱 확장되어 전쟁터에서 아군과 적군을 구분하지 않고 사상자를 돌보고 포로를 보호하는 운동을 비롯하여, 세계 곳곳에서 분쟁지역 난민 구조, 그들에 대한 약품과 의류 및 식품 지원, 질병 예방과 치료 그리고 지진, 폭풍우로 인한 자연재해의 복구 지원 등과 같이 위험에 처한 국가와 난민들을 위한 일이라면 국가와 인종, 종교를 구분하지 않고 인도적 차원의 구조를 하고 있다. 이것은 바로 세계가 하나가 되어 인도적 차원에서 베푸는 배려의 정신이요 가장 대표적인 실천이며 그 결실이다.

이론적으로 배려란 무엇을 뜻하고 어떤 행동으로 나타나야 하는지, 그리고 그 방법과 기술을 아는 것도 중요하다. 그렇지만 배려하는 마음만 있으면 뭐하는가? 어떤 사람이 표정이나 말로만 배려하고 있다고 하고 어떤 형태로든 그것을 행동으로 나타내지 않는다면, 그 사람이 진심으로 배려하고 있는지를 의심하게 된다. 물론 딱한 처지에 놓인 사람을 마음으로 걱정하고 도와주고 싶어 하는 것도 필요하고 중요하다. 하지만 그것을 행동으로 드러냈을 때 더욱 소중한 것이 된다. 배려의 행동은 배려하는 마음에서 우러나며, 배려하는 마음은 몸에 밴 배려의 정신에서 샘솟는다.

배려의 유형

1. 관계대상에 따른 분류
2. 적용영역에 따른 분류
3. 그 밖의 배려 유형

배려는 사람이 사는 곳이면 어디에서든 할 수 있고, 보는 관점에 따라 여러 가지 종류가 있다. 즉, 배려는 그것이 표현되는 대상에 따라 그리고 관계대상이 같다고 해도 상황 또는 장면에 따라 다양하다. 어떤 유형의 배려가 있고 그것을 또 어떤 방식으로 분류하느냐 하는 것은 본질적인 것은 아닐지라도 배려를 이해하는 데 도움이 된다. 배려에 대해 가장 흔히 쓰는 분류방식은 관계대상에 따른 것과 적용영역에 따른 것이다. 여기서는 관계대상에 따른 분류방식과 적용영역에 따른 분류방식 및 그 밖의 몇몇 다른 방식으로 나눈 배려의 유형을 소개하기로 한다.

1. 관계대상에 따른 분류

배려는 그것이 표현되는 표적 또는 대상이 있어야 한다. 나딩스(Noddings, 1995; 2005b)처럼 배려가 사람 및 사물과의 관계를 토대로 나타난다고 보면, 배려는 관계를 맺는 대상에 따라 자기 자신에 대한 배려, 친밀한 사람에 대한 배려, 낯선 사람에 대한 배려, 인간 세계와 사회에 대한 배려, 동·식물과 환경에 대한 배려, 추상적 관념에 대한 배려로 구분할 수 있다.

1) 자기 자신에 대한 배려

흔히 상식적으로 이해하듯이 다른 사람이나 그가 처한 어려운 상황에 대하여 염려하고 도와주는 것만을 배려라고 하지 않는다. 배려의 주체도 자기이고 배려의 표적, 즉 객체도 자기 자신일 때가 있다. 그러한 배려를 자기 자신에 대한 배려라고 하며, 배려의 가장 중심적인 주제이기도 하다. 우리가 배려하는 모든 것은 결국 어떤 형태로든 자아에 대한 관심과 관련된다. 윤리적 측면에서 보면, 다른 사람을 배려하는 것뿐 아니라 자기 자신을 배려하는 것도 매우 의미가 있고 중요하다. 이때 자기 자신을 배려한다는 것은 이기적인 욕심을 충족하는 것이 아니라 다른 사람을 하나의 인격체로 간주하고 존중하듯이 자신을 인격적인 존재로 존중하고 귀하게 여기는 것을 의미한다.

2) 친밀한 사람에 대한 배려

일반적으로는 타자나 혹은 그가 처한 상황을 걱정하고 보살피는 것을 배려라고 알고 있다. 주변에 있는 친밀한 사람들에 대해 배려하고, 또 낯선 사람에 대해서도 배려할 때가 있다. 그리고 배려의 대상에 따라 배려의 질도 달라진다. 친밀한 사람들에 대한 배려는 자기 자신에 대한 배려가 확장된 것으로 볼 수 있다. 길리건(Gilligan, 1982)은 배려를 인간관계, 책임, 상호의존성, 유대, 애착, 동정심, 사랑 등의 차원에서 정의한다. 도덕성의 기원도 아동이 타인과의 관계 속에서 인식하는 불평등과 평등의 영역 그리고 애착과 분리의 영역에 근거하는 것으로 본다. 성인에 비해 자신이 더 작고 능력이 부족하다고 느끼는 데에서 불평등을 경험하는 아동은 그것을 극복하기 위해 독립심, 자율성, 공정성, 평등을 추구하게 된다는 것이다. 또한 아동은 인간이 서로 사랑하면서도 동시에 서로 상처를 주는 모습들을 목격하게 되면서 사랑, 동정심, 이타주의 등을 배워 나간다. 이때 애착 경험은 상호관계성의 근거가 되며, 배려 발달 양상은 자아중심적 배려로부터 타자중심적 배려로 이행하다가 결국 자아와 타자 간의 상호의존적인 배려로 발전하게 된다.

3) 낯선 사람에 대한 배려

우리는 한 번도 만난 적이 없는, 전혀 모르는 사람에 대해서도 배려한다. 예를 들어, 낯선 사람에 대한 배려는 교통사고를 당한 사람이나 지진으로 고통을 겪고 있는 이웃나라 사람들과 같이 공동체 및 국가 수준, 국제 수준에서 나누는 배려이고, 그것은 보편적 배려에 해당한다. 가족이나 친구 등과 같은 친밀하고 특수한 관계에서의 배려가 강조되지만, 우연히 마주치는 낯선 사람에 대한 배려를 설명할 때 소극적인 의미에서의 배려 개념, 즉 보편적 배려(universal caring) 개념이 적용된다. 낯선 사람에 대한 배려는 실천하기 어렵고 또 추상적인 문제 해결이나 단순한 말로 드러나기 때문에 진정한 배려보다 덜 강조된다. 보편적 배려를 강조하게 되면 특수한 관계를 맺고 있는 사람들에 대한 배려가 소홀해질 수 있기 때문이다. 그러나 보편적 배려에 관심을 갖지 않는다면 공동체의 기능이 약화되기 때문에 낯선 사람에 대한 배려도 자기 자신이나 친근한 사람들에 대한 배려 못지않게 중요하다.

4) 세계와 사회에 대한 배려

배려는 사람들끼리만 주고받는 것은 아니다. 그가 속한 조직 및 사회에 대해서도 배려하고, 세계와 우주에 대해서도 배려한다. 인공위성을 발사할 때, 우주 공간과 대기에 미칠 영향은 물론 인간과 관계를 맺고 있는 사물에 대해서도 배려한다. 즉, 인간만이 배려의 대상이 되는 것이 아니다. 인간과 관계되는 사물, 사건에 대해서도 배려하고, 그가 속한 조직과 사회, 국가, 세계에 대해서도 배려해야 하며, 때로는 물건과 도구에 대해서도 배려해야 한다. 이 배려의 유형에는 우리가 당연하게 여기는 주변의 사물과 도구의 유용성을 인식하고 그것들을 배려하는 태도도 포함된다.

5) 동물 및 식물과 환경에 대한 배려

나딩스는 동물과 식물 그리고 나아가 환경에 대해서도 배려하는 마음을 가져야 한다고 강조한다. 세계는 인간만이 사는 곳이 아니다. 동물과 식물도 살고, 그것들도 생존해야만 우주와 인간도 생존할 수 있게 된다. 우리의 삶은 동물 및 식물과의 상호작용 속에서 이루어진다. 인간만 행복하게 잘 살면 되고 동물과 식물의 삶은 인간의 삶과 별로 관계가 없다고 생각할지 모르나, 동물과 식물이 존재하지 않는 인간의 삶을 상상해 보자. 얼마나 끔찍한 일인가! 동물과 식물이 없는 세상에는 인간도 생존할 수 없기 때문이다. 멸종 위기에 처한 동물과 식물을 보호하는 활동들은 모두 동물 및 식물에 대한 배려에 기초하고 있다. 교육이 선진화된 몇몇 국가에서는 학생들에게 꽃나무나 동물을 기르게 하고 그것이 성장하는 과정을 관찰, 기록하게 하여 동물이나 식물에 대한 특별한 감정을 갖게 하고, 또한 이제까지 자신과는 관련 없이 존재하던 그 동물이나 식물을 자신과의 관계 범주에 포함시키는 인식의 변화가 나타나게 하는 프로그램을 실시하고 있다. 인간을 비롯한 동식물 따위의 생존과 생활에 직간접으로 영향을 미치는 조건이나 조건들에 신경을 쓰거나 개선, 발전시키려는 마음 및 그 행동은 환경에 대한 배려에 속한다. 기계문명과 산업사회의 발전과 인간의 이기적인 탐욕에 의해 자연은 점차 붕괴하고 자원이 고갈되어 가고 있다. 그러한 가운데 환경보호라는 이름 아래 물부족, 도시가스, 산림 보호, 수질 보호, 재활용, 폐품 처리 등등 환경에 대한 인간의 책임과 배려가 그 어느 때보다 중요하게 다루어지고 있다.

6) 추상적 관념에 대한 배려

우리는 일정한 모습을 갖추고 있는 구체적인 사람이나 사물에 대해서만 배려하는 것은 아니다. 어떠한 형태로든 존재하는 모든 사물이나 사상에 대해서 배려하고, 때로는 현재 실재하지 않지만 장차 존재하게 되리라고 상상되는 사물이나 사상에 대해서도 배려할 수 있다. 이러한 배려를 추상적 관념에 대한 배려라고 한다. 즉, 일정한 모습을 갖추고 있는 구체적 사물이나 현상이 아닌 우리의 마음에 나타나는 생각이나 견해와 같이 추상적인 개념 또는 관념에 대해서도 배려하는 것이다. 예를 들어, 사람들은 아무리 직접 보려고 해도 보이지 않고 만지려고 해도 만져지지 않는 것들, 즉 오직 유추해서 간접적으로 생각하거나 느낄 수 있는 것들에 대해서 관심을 갖고 배려해야 할 때가 있다. 예컨대, 한두 사람이 모여 사적 대화를 나누거나 토론을 할 때의 믿음, 사랑, 우정, 증오, 청춘, 우주 등과 같은 추상적 개념들이 대화나 토론의 주제로 등장한다. 그와 같은 추상적 개념들은 산업사회의 발전과 더불어 물질주의가 팽배해진 인간사회에서 그에 대한 배려가 점차 미미해지고 있다. 하지만 만약 그것이 부족하게 되면 인간사회는 메마르고 변화와 발전의 동력을 상실하게 된다.

2. 적용영역에 따른 분류

1) 진료 활동과 배려

오늘날 의사의 진료 활동은 주로 전문 지식과 기술 그리고 경험을 기초로 하여 환자의 병을 진단, 처방, 치료하는 '과학적 의료 행위'를 지칭한다. 그러나 과학기술의 발달로 의료 행위가 고도로 발달된 의료기기들에 주로 의존하게 되고 장비기술과 연관됨으로써 '전인적 의료'가 점차 그 자리를 잃어 가고 있다. 하지만 MRI, fMRI, PET 등과 같은 고도로 발달된 각종 의료기기를 이용하여 최고로 정확한 진단과 치료를 한다 할지라도, 환자를 인간적으로 존중하고 배려하지 않는다면 성공적인 의료 활동을 기대할 수 없다.

오늘날 대부분의 사람은 질병이 오직 첨단 의학적 장비와 의사의 지식 및 경험이 동원된 과학적, 기술적 진단과 처치에 의해서 치료된다고 생각하지만, 환자가 스스로 정신적 안정을 유지하면서 건강한 상태를 되찾겠다는 투병의식이 뒤따르지 않고서는 완전한 치유란 어렵다. 우선 환자가 의사를 신뢰하고 따르는 태도가 필요하다. 진단과 치료는 의사와 환자가 하나의 공동체가 되어 협동적인 노력을 통해 이루어지는 것이다. 특히 의사의 환자에 대한 배려는 그와 같은 노력의 중요한 한 부분이 된다. 의사는 또한 환자는 물론 그 보호자(가족)에 대해서도 배려해야 한다. 배려와 소통이 없는 곳에서 완전한 치료의 성과를 기대하기는 어렵다. 다시 말해, 의료 행위는 삼자—환자, 의사, 환자의 보호자/가족—간에 상호 배려하는 풍토 위에서 이루어져야 한다. 의사는 환자를 진단, 치료하고 환자와 보호자에게 주의, 협조해야 할 사항들과 함께 안정과 협조를 간곡히 부탁한다. 그러나 환자와 그 가족은 그 말을 환자와 보호자에게 베푸는 당연한 친절로 치부하거나 의사로서 일상적으로 환자에게 건네는 틀에 박힌 말로 여겨 별 의미 없이 받아넘기는 경우가 많다. 의사협회에서 제정한 의사 윤리강령 중 제2장(8개 항목) '환자와 의사의 관계'를 보면, 그 내용 대부분이 환자에 대한 의사의 배려에 관한 사항들이다. 참고로 의사 윤리강령 중 제2장을 보면 다음과 같다.

〈의사의 윤리강령 중 제2장, 환자와 의사의 관계〉

8. 의사는 환자를 질병의 예방, 진료, 재활과 의학연구의 대상으로서가 아니라 인격을 가진 존엄한 존재로 대한다.
9. 의사는 환자와 국민을 수동적 의료 수혜자가 아니라 국민건강과 의사의 진료권 확보 등 의료 환경의 개선을 향하여 함께 노력하는 동반자로 인정한다.
10. 의사는 환자의 생명과 건강을 으뜸으로 여겨 진료 등에 최선의 노력을 다한다.
11. 의사는 서로 신뢰하고 사랑하는 환자와 의사의 관계를 이루도록 최선의 노력을 기울인다.
12. 의사는 환자가 자신의 의사를 자유롭게 선택할 권리와 담당 의사의 진료방법에 대하여 환자와 보호자에게 신중, 정확하게 알림으로써 환자의 권리를 보호하고 환자의 적극적인 역할을 제고해야 한다.
13. 의사는 환자의 질병상태의 예후, 수행하려는 시술의 효과와 위험성, 진료비 등을 환자에게 알림으로써 환자의 권리를 보호하고 환자의 적극적인 역할을 제고해야 한다.
14. 의사는 직무를 통해 알게 된 환자의 비밀을 철저히 지킨다. 학술적인 논의나 질병의 파급을 방지하기 위한 경우 등에도 환자의 신상에 관한 사항은 공개하지 않는다.
15. 의사는 응급환자를 적극적으로 돌봐야 한다. 의사는 응급환자를 적절히 치료할 수 있는 시설 등을 국가와 사회에 요구해야 하며 국가와 사회는 그와 같은 정당한 의사의 정당한 요구를 충족시켜야 한다.

의사 윤리강령 제2장 '환자와 의사의 관계' 중 5개 항은 의사가 환자에게 제공해야 할 배려에 관한 사항—환자에 대한 인간적 존중(8항), 공동체, 동반자 의식 형성을 위한 노력(9항), 신뢰와 사랑(11항),

정보 제공과 소통(12항, 13항)—이다. 환자를 인간적으로 존중하고 사랑하며 하나의 공동체로서 친절, 경청, 공감하고 소통하는 것은 모두 배려에 속하는 행동이다. 환자에 대한 배려는 의사가 갖추고 행해야 할 기본적인 자질이며 또한 반드시 지켜야 할 덕목이기도 하다. 그런데 의사는 환자의 목숨을 다루는 지식과 기술을 가진 전문가라는 의식 때문에 때로 환자와 보호자에게 불친절하고 거만하게 행동하는 경우가 의외로 많다. 그들은 의사로서 마땅히 지녀야 할 환자에 대한 배려를 잊은 사람들이다.

거듭 말하지만, 첨단 의료기기와 이론 및 지식을 동원하여 정확한 진단과 치료에만 몰두한 나머지 환자를 한 사람의 인간으로 보고 대할 여유를 갖지 못한 채 병의 원인과 치료방법을 찾는 일에만 매몰된 의사들이 많다. 질병을 진단, 치료하는 동안 환자를 병에 걸린 존재로만 대하는 것을 비판하면서 1940년대부터는 '인간중심치료'라는 것이 등장하였다. 이는 정신치료 분야에서 환자를 치료하는 방법으로 로저스(Carl Rogers)에 의해 제안된 것이지만, 그 후 의료계 전반에 확산되었다. 인간중심치료를 신봉하는 의사들은 첨단 의료기기로만 질병의 원인과 치료방법을 찾으려 하지 않고, 환자가 쾌유할 때까지 그를 한 사람의 인간으로서 존중하고 성실하고 진지하게 이해, 경청하고 소통하는 것을 진단과 치료의 중요 부분으로 인정하고 실천하는 의료방법을 발전시켰다.

아쉽게도 의학 분야에서 의사의 진료 행위와 배려의 관계를 다룬 연구는 극히 드물다. 그러나 공감과 진료의 관계를 다룬 연구는 많다. 공감을 배려하는 마음과 행동의 초석이라 생각하기 때문인 것 같다. 최봉현(2014)은 배려보다는 아름다운 존중을 강조하는 저서를 출판하였다. 그는 치료에서 환자에 대한 의사의 배려가 필요 없다는 것은 아니지만, 배려보다 환자를 인간적으로 존중하고 이해하는 태도가 우선한다고 주장하였다. 의사에게 공감은 배려의 출발점이라 할 수 있다. 그러나 공감을 하자면 그리고 자연의 질서와 그 힘에 의해 치유되는 자연적 치료의 힘을 믿는다면, 환자에 대한 공감적 이해와 배려 그리고 소통이 동반되지 않고서 어찌 온전하고 신속한 치료를 기대할 수 있겠는가!

전문 직업인의 도덕적 자아 발달과 그 수준을 가늠하는 목적으로 의과대학, 치과대학 및 간호대학 학생들을 대상으로 그들의 도덕적 자아 수준을 밝히는 연구들(김민강, 2007; 이지혜, 2005; Atira et al., 2004; Bebeau, Rest, & Yumor, 1985; Bore, Munro, Kerride, & Powis, 2005)이 이루어졌다. 여기에서는 그들의 도덕적 민감성(moral sensitivity)을 측정해 그것을 의사 자질의 한 부분으로 전제하여 그 자질을 예측하여 보려고도 하였다. 이들 연구에서는 환자에 대한 치료자의 공감을 그들의 도덕적 민감성을 평가하는 하나의 기준으로 삼았으며 공감을 의사의 도덕적 민감성을 구성하는 가장 핵심적인 요소로 전제하였다. 그러나 아쉽게도 의학 분야에서 환자에 대한 의사의 배려와 그 효과에 대한 연구는 찾아볼 수 없다.

이해와 공감 없이 배려가 이루어질 수 없고, 공감은 또한 배려의 초석이고 출발점이라는 것은 확실한 사실이다. 진단과 치료를 목적으로 묶인 공동운명체의 한 일원으로서 의사도 환자가 느끼고 생각하듯이 느끼고 생각해야 하며, 또한 그것을 환자에게 전달하는 공감적 민감성과 의사소통은 의사의 기본자세이고 능력이라 할 수 있다. 첨단 의료기기를 이용한 과학적, 기술적 진단과 처치만으로는 치료가 될 수 없다. 물론 환자도 의사의 지시와 권유에 신뢰와 존경으로 협조하고 배려해야겠지만, 의사는 무엇보다 먼저 환자와 그 보호자를 배려하고 그들과 소통해야 한다. 그러한 의료계의 노력이 절대적으로 필요하다. 그에 관한 연구와 실천적 행동이 앞으로 의료계에서 더욱 활발해질 것을 기대한다.

2) 간호 활동과 배려

영어로 간호를 'professional care'라 하고, 간호직을 환자를 보살피고 돕는 전문직이라고 하여 'care profession'이라 한다. 간호란 환자를 진심으로 정성껏 보살펴 돌보는 전문적 활동이다. 의사의 지시와 감독하에 의사의 진료 활동을 돕는 것만이 간호사가 하는 일은 아니다. 그들의 업무에는 간호사 자신이 판단하여 능동적으로 환자를 케어할 의무와 책임도 있다. 그것은 그들이 수행해야 할 직무의 중요한 부분이다. 하지만 간호 활동에서 요구되는 가장 기본적인 요건은 환자에 대한 인간적 사랑과 배려라 할 수 있다. 나이팅게일의 정신 · 박애야말로 바로 간호의 출발점이 아닌가! 그의 박애 정신은 타인에 대하여 배려하는 마음이라고 할 수 있다.

간호사가 하는 일을 흔히 '실천지(Phronesis)로서의 배려적 행위'라고 한다. 고대 그리스의 철학자 아리스토텔레스(364~322 B.C.)가 설파한 바에 따르면, 실천지라고 함은 덕망(德望), 신덕(信德), 애덕(愛德)의 윤리를 바탕으로 이론과 지식을 현실의 문제를 해결하기 위해 적용하는 실천적 사고를 뜻한다. 그러므로 실천지로서 배려는 공동선의 목적을 달성하기 위해 배려를 하는 사람과 배려를 받는 사람이 서로 일체가 되어 배려를 실천하는 것을 의미한다. 따라서 간호는 간호의 이상과 현실을 융합한 실천지로서 환자와 그 가족을 사랑과 믿음으로 배려하는 활동이라 할 수 있다. 배려의 역사는 고대 그리스 시대의 '디아이타(διαιτα, 養生法)' 에서도 찾아볼 수 있다. '디아이타' 에서는 전문적인 진단과 치료에 의해 병이 치료되지만, '자연적 치유력' 에 의해 병이 치료, 회복될 수 있고 건강 유지가 가능하다고 하였다. '자연적 치유력' 이란 자연(우주)이 그 자체에 충격이나 혼란이 생기는 순간 자정하는 힘을 갖고 있듯이, 인간도 자연의 섭리에 따라 자연과 교감을 통해 건강을 회복하겠다는 마음과 노력에 의해 질병이 자연적으로 회복, 치료될 수 있는 힘을 말한다. 나이팅게일(1860)도 '디아이타' 에서 밝힌 것과 거의 같은 주장을 했다. 그가 쓴 『간호에 관한 노트』는 고대 그리스의 '케어' 에 대한 기본 사상을 되살려 옮긴 것이라고 볼 수도 있다. 그가 말한 간호를 소개하면 다음과 같다.

> 간호란 신선한 공기, 일광, 따뜻함, 청결, 조용하고 포근하며 적적함을 유지, 식사를 적절히 선택 관리하고, 그와 같은 것으로 환자의 생명력 소모를 최소화하는 것을 의미한다(Nightingale, 1860: 2-3).

인간중심치료를 신봉하는 의사들이 진단과 치료 과정에서 환자와 그 보호자에 대한 배려와 소통을 중요하게 여기듯이, 자연치유력을 믿고 전인적 간호에 매진하는 간호사들도 자신의 업무에서 환자와 그 가족에 대한 배려를 아주 중요하게 여기고 실천한다. 이때 자연치료라고 함은 치료하지 않아도 병이 저절로 낫는 것을 의미하지 않는다.

그것은 우주 또는 자연이 중심을 잃고 동요되는 순간 자연적 섭리에 의거해 스스로 그 중심을 찾는 힘을 갖듯이, 환자도 자연에 의지하고 노력하면 치유되거나 치유에 보탬이 되는 현상을 뜻한다. 그러므로 그 힘을 믿는 간호사는 배려와 공감을 통해 환자를 격려하려고 한다.

한편, 간병사는 거동이 불편한 환자나 만성적 질환, 외상 등과 같은 것으로 인하여 혼자서 일상생활을 꾸려 나가기 힘든 환자를 위해 식사 보조, 신변 처리(예컨대, 옷 갈아입기, 세수, 목욕), 이동 보조, 환경 조절 등을 통해 그들이 일상생활을 잘 꾸려 나갈 수 있도록 보살피는 일을 한다. 호스피스는 말기 환자나 임종 환자가 편안한 마음으로 죽음을 맞이할 수 있도록 지켜주고 죽음을 인간답게 수용할 뿐만 아니라 편안한 마음으로 주변 사람들에게 사랑을 느끼도록 인간적인 도움을 주는 일을 한다. 다소 차이가 있긴 하지만, 간병사와 호스피스가 하는 일도 결국 간호이고 본질적으로 신뢰와 사랑, 배려를 베푸는 활동이라 할 수 있다.

의학이 발달하고 식생활이 개선되고 평균수명이 길어지면서 우리 사회는 점차 고령자 사회로 접어들고 있다. 반면, 현대의학으로는 치유하기 어려운 희귀병도 많이 나타나서 간호사와 함께 간병사나 호스피스의 수요가 급증하고 있다. 특히 간병사와 호스피스는 인간에 대한 사랑과 신뢰 그리고 환자의 고통과 걱정을 함께하는, 배려 없이는 할 수 없는 아주 특별한 일을 수행하고 있다. 코헨(Cohen, 1981)도 간호사의 활동에 대해 공감과 도덕적 감수성의 기능들을 논의한 바 있고, 우리나라 의학 분야에서 그랬듯이 간호 분야에서도 공감이 치료와 간호에 미치는 영향이 활발하게 연구되었다(김현정, 2013; 양성미, 임효남, 이주희, 2014; 이연진, 2014; 홍정희, 2014).

또한 우리나라 간호사 윤리강령을 보면, 간호사가 하는 일의 목적이 하나의 타깃—환자를 케어하는 것—으로 규정되어 있으며 그 정신은 의사 윤리강령에 진술된 의사의 정신 및 자세와 거의 같다. 그들의 강령은 인간의 존엄성과 인권을 존중할 것을 요구한다. 특히 간호사에게는 '간호 대상자의 관습, 신념 및 가치관에 근거한 개인적 요구를 존중하여 간호할 것'을 명시하고 있다. 'nurse'가 우리나라에서는 간호라고 번역되고 있으나 원래 그 말에는 보살핌과 배려라는 뜻이 함께 포함되어 있다. 그럼에도 우리나라 간호사 윤리강령에는 배려, 신뢰, 사랑, 소통 등과 같은 말이 한 차례도 쓰이지 않은 점이 매우 아쉽다. 배려는 사회적 윤리다. 배려의 정신을 잃고 간호를 할 수는 없다는 점을 명심해야 한다.

3) 사회복지 활동과 배려

어떤 사회든 사람들이 모여 사는 곳에는 빛과 그늘이 있기 마련이고, 특히 자유경쟁과 시장경제 원칙을 앞세우는 자본주의 국가에서는 그 빛과 그늘이 너무나 짙게 드리워지는 것을 어찌할 수 없는 형편이다. 그래서 거의 모든 국가가 소외된 아동, 노인, 장애인을 비롯하여 질병, 부상 또는 사고, 실직으로 말미암아 사회적, 경제적, 정신적으로 어려움을 겪고 있는 사람들을 한 공동체의 일원으로 간주하고, 나눔을 통해 다 함께 안전하고 평화롭게 살아갈 수 있도록 보살피고 도와주는 사회복지에 깊은 관심과 열정을 기울이고 있다.

복지(welfare)란 '좋게 잘 해 나가도록(또는 잘 살아갈 수 있도록) 순조롭게 진행되어 행복한 삶을 유지하게 하는', 즉 건강하고 안락한 인간의 이상적인 삶의 상태— '웰빙(well-being)'을 나타내는 개념이다(이용교, 2005). 그러므로 사회복지란 일시 또는 장기적으로 어려움에 처한 사람에게 '도움'이라고 하는 전문적인 서비스를 제공하여 정상적으로 활동할 수 있도록 지원하는 제도이며, 모든 사람이 인간이라면 누구나 누려야 할 '최소한의 안락한 삶'을 누릴 수 있도록 국가 또는 사회 성원들이 서로 나누고 돕는 것을 실천하는 정신에 의거한다. 물론, 국민 개개인이나 사회봉사를 목적으로 조직된 비영리단체가 주축이 되어 각종 자원봉사 활동을 통해 자발적으로 다른 사람들의 심리적, 사회적, 정신적, 신체적, 경제적인 문제나 욕구 등의 해결을 도와주기도 하지만, 사회복지(social welfare)라고 하면 그것은 국가나 사회가 서비스 대상 체계의 잠재 능력과 사회적 기능을 향상하여 모든 사람이 행복하고 만족스럽게 살 수 있도록 도와주는 사회적 서비스를 말한다. 국민의 생활안정 및 복리를 향상시키기 위해 힘쓰는 일이나 그와 관련된 정책을 세우고 집행하는 활동을 통틀어 사회복지라고 한다.

사회복지가 추구하는 일반적 가치는 평등(equality), 자유(freedom), 민주(democracy), 정의(justice), 사회통합(social integration), 이타주의(altruism)로 요약할 수 있다(장인협, 이혜경, 오정수, 1999). 이때 '평등'은 사회적 자원의 재분배를 통하여 사회를 구성하고 있는 사람들의 삶의 질을 골고루 향상시키고자 하는 가치이고, '자유'는 사람이나 물질에 의해 강제가 없고(freedom from, 소극적 자유) 나아가 다른 사람이나 사상과의 상호작용에서 그들의 간섭 없이 자신의 의지대로 행할 수 있는 상태를 누리는 가치(freedom to, 적극적 자유)를 의미한다. '민주'는 모든 인간이 자기를 표현하고, 사생활을 유지하고, 자기에게 영향을 미칠 수 있는 결정에 참여하며, 타인과 함께 한 공동체에서 건설적으로 살아갈 수 있는 가치를 뜻한다. '정의'는 절차상의 정의, 실질적 정의, 능동적 정의 가운데 실질적 정의의 결과로서 재분배의 정의를 강조하여 사회적으로 취약한 계층이나 불우한 위치에 있는 사람들에게 보다 나은 처우와 권한 및 자원의 배분이 이루어지도록 하는 노력을 의미하며, '사회통합'이란 사회단위 내의 구성원 상호 간에 갖는 연대감 또는 애착의 감정, 즉 구성원 상호 간의 감정적 통합을 강조하는 가치를 의미한다. 한편 '이타주의'란 사회통합에 수반되는 원조 행위의 기초로서 상대방에게 대가를 요구하지 않는, 즉 시장 체계에서 말하는 등가의 교환가치를 뜻하지 않음을 의미한다.

사회복지가 추구하는 이 여섯 가지 기본 가치 중 하나가 이타주의이고, 또한 그것은 나머지 다섯 가지 가치와 직간접으로 관련된다. 이는 타인의 행복과 이익에 중점을 두는 행위에 가치를 부여하는 이타정신이 사회복지 활동을 가능하게 하는 초석이요, 출발점이라는 것을 뜻한다. 사회복지 활동에서 전문적 지식과 기술, 복지 소스에 대한 정보가 절대적으로 필요하지만, 인간의 존엄성과 가치 존중, 사회정의의 실천을 겨냥하는 이타의 정신에는 봉사, 나눔의 정신이 반드시 수반되어야 하고 그 정신이 결핍된 상태에서는 참다운 사회복지가 실현되기를 기대할 수 없음을 의미한다.

대부분의 사회복지사는 법규에 명시되어 있는 조항에 의거해서 사람들에게 국가나 사회가 제공할 수 있는 도움의 원천을 찾아 제공하는 것을 그들의 주된 의무라고 생각한다. 즉, 사회복지사들은 그들이 할 수 있는 직무와 역할에서 규정에만 얽매여 규정에 명시되어 있는 범위에서 가능한 도움만을 찾아 클라이언트에게 제공하고 일을 기계적으로 처리하는 경우가 종종 있다. 즉, 클라이언트를 기계적으로 대하고 일을 사무적으로 처리할 때가 있다. 사회복지가 발달된 선진국에서는 사회복지와 배려의 관계에 대해 많이 그리고 깊이 있게 연구되고 있으나, 우리나라에서는 의학 및 간호 분야와는 달리 아직 사회복지 서비스 분야에서는 배려 관련 연구가 크게 많지 않다. 전해왕(2008)은 건전가정 육성을 위한 다양한 가족 형태의 이해와 사회적 배려에 관해서, 서영화(2011)는 독일 사회복지 서비스 전달체제 운영방식을 벤치마킹해서 우리나라에 소개하는 문제에 관해서 연구하였다.

의사나 간호사 및 간병사, 호스피스는 '진단, 치료 및 케어'라는 이름으로 '환자를 돕는 것'을 업으로 하고, 사회복지사는 '사회적으로, 경제적으로 위기에 처하여 어려움을 겪고 있는 사람을 돕는 일'을 수행한다. 그리고 정신과 의사와 카운슬러는 '마음의 아픔 또는 병을 앓고 있는 사람'을 돕는다. 그들이 돕고자 하는 표적 내용은 다르지만 '어려운 상황에 처한 사람'을 돕는다는 점에서 의사, 간호사, 사회복지사, 카운슬러가 수행하는 일에는 본질적으로 공통되는 점이 있다. 의사와 간호사, 카운슬러가 환자를 배려하듯이 사회복지사들도 그들의 클라이언트를 배려해야 한다. 사회적으로, 경제적으로 어려움을 겪고 있는 사람에게 행정적으로 가능한 도움만 제공되고 배려가 수반되지 않는다면, 그것은 진정한 의미의 사회복지라고 할 수 없다. 선진국에서는 사회복지사 양성과정에서 카운슬링의 이론과 기법 그리고 실습을 각각 필수과목으로 개설하고 있다. 그것은 사회복지에 관한 전문적인 지식과 기술을 갖추고 있어야 하면서도 배려와 봉사 정신이 몸에 배지 않고서는 진정한 의미의 사회복지사가 될 수 없다는 것을 뜻한다. 사회복지사도 이해, 경청, 공감, 신뢰, 수용 등과 같은 상담자로서의 태도를 충분히 갖추어야 한다. 사회복지 분야에서 그리고 사회복지 활동에 종사하는 사회복지사나 사회복지를 희망하는 미래의 사회복지사에게 그러한 배려와 봉사의 정신과 기술을 훈련하는 프로그램이 절실히 필요하다.

4) 교육 활동과 배려

일정한 목적, 시설, 제도 및 법규에 의거하여 교사가 학생에게 정해진 기간 계속해서 일정한 내용의 교육을 실시하는 기관이 학교다. 초·중·고등학교에서는 생활에 필요한 지식이나 기술 및 바람직한 인성과 체력을 갖도록 가르치게 되어 있지만, 초등학교 때부터 선행학습과 스펙 쌓기에 바쁘고 중, 고등학교 때에는 온통 대학입시 준비에 쫓겨 예체능 교육과 체육 및 인성 교육에 대해서는 거의 관심을 두지 않는 상태다. 주지 과목이나 기술 교과에 수록되어 있는 지식 및 기술을 학생에게 잘 전달해서 기계적으로 이해시키는 교사가 훌륭하고 유능한 교사로 인정받고 대접받는다고 해도 과언이 아니다.

도덕과 윤리 교과는 암기와 지적 이해만 강조하고 공감, 배려, 소통을 비롯한 인간관계에 관한 실천적인 교육을 실시하는 학교는 거의 찾아볼 수 없다. 더구나 여성들의 사회 참여의 확대로 맞벌이 부부가 날로 증가하면서 하루 한 끼라도 가족들이 함께 식사와 대화를 나눌 시간이 거의 사라져 버려 가정에서도 예절 교육, 인성 교육에 대해 거의 관심을 기울이지 못하고 있는 형편이다. 사회는 날로 살벌, 험악해지고 학생들은 공부, 즉 대학입시 준비에 온통 매달려 살며, 중학생들도 시험 준비에 바쁘다는 구실로 예배에 빠지는 것을 양해하는 기독교 가정도 많다. 가정에서도 학교에서도 그리고 교회를 통해서도 공감, 배려, 소통을 익힐 기회가 없다면 아이들은 그것들을 어디에서 배워야 한단 말인가? 공감, 배려, 소통은 어릴 때부터 부모와 가족을 통해 직접 익혀야 하고 그 후에야 학교와 사회를 통해 학습해야 한다.

나딩스(Noddings, 1992)는 이미 오래전 『학교에서 도전해야 할 배려의 문제(The challenge to care in the schools)』라는 저서를 통해 학교에서 생활지도와 학습지도를 할 때 이루어져야 할 배려에 관해 심도 깊은 논의를 하였다. 우리나라에서는 신창호(2013)가 『배려와 학습』이라는 저서를 출판하였다. 하지만 주지 과목의 지적 내용을 학생들에게 기계적으로 전달, 암기시키는 방식으로는 소기의 학습 성과를 기대하기 어렵다.

현재 학교가 당면하고 있는 생활지도상의 문제 중 가장 심각한 상황들은 따돌림(왕따), 학교폭력, 통합학급 운영, 다문화가정 출신 자녀들에 대한 교육 문제로 압축할 수 있다. 한 학급에서 그 학급 구성원들이 특정 학생을 미워하거나 같은 무리에 들지 못하게 소외시키는 왕따의 원인은 여러 가지로 분석되고 다양한 해결책이 제시되고 있지만, 그 가장 주된 원인은 타인—이 경우 친구—에 대한 인간적 이해와 공감, 배려 그리고 소통이 없다는 것이다. 교내 및 학교 주변에서 일어나는 폭행, 상해, 감금, 위협, 약취, 유인, 모욕, 공갈, 강요, 강제적 심부름, 따돌림, 성폭행, 언어폭력 등등 폭력을 이용하여 다른 학생에게 정신적, 신체적 피해를 주는 학교폭력의 궁극적 원인은 다른 학생을 사귀고, 이해하고, 우정과 친절을 바탕으로 하는 인간 존중과 배려, 소통이 없기 때문이다. 다문화가정 출신의 아동들이 생김새가 다르고 언어적 표현이 다소 어눌하다는 이유로 다른 학생들로부터 부당한 경멸과 따돌림을 받고 심지어는 폭행을 당하는 문제와, 비장애 학생들과 장애 학생들이 한 학급에서 함께 수업하는 통합학급을 운영할 때에 비장애 학생들이 장애 학생들을 싫어하고 배척하는 문제도 인간에 대한 이해와 배려가 부족하고 인간적 소통이 단절되었기 때문이다. 결과적으로 따돌림 또는 왕따와 학교폭력, 통합학급 운영, 다문화가정 출신의 학생들을 지도할 때 야기되는 문제들의 근본 원인은 학생들 간의 인간적 이해와 배려, 소통이 부족하고 잘못되어 있는 점이라 할 수 있다. 어릴 때부터 가정에서 배려와 소통이 지속적으로 이루어져야 하고, 학교에서도 인성 교육의 일환으로 배려와 소통의 교육이 실시되어야 한다.

학교 교육은 대부분 교사와 학생 간의 상호관계를 중심으로 이루어지지만, 학교 전체가 그것을 보다 효과적으로 달성하기 위해서는 학교장 및 교감이 교사와 학생을 배려하는 것은 물론, 행정직원들을 비롯한 여러 직원과 그들이 하는 일에 대해서도 배려하고 소통해야 한다. 학교가 의도하는 목적을 유기적으로 그리고 합리적으로 계획, 조직, 조정, 통제, 평가하는 제반 지원 활동을 효과적으로 수행하기 위해서는 행정적, 경영적 활동이 필요하고, 그 활동을 위해서는 모든 학교 직원 간에 상호이해와 배려, 소통이 가득한 학교 풍토가 조성되어야 한다.

5) 기업경영과 배려

전통적으로 기업은 그 설립목적의 성취와 함께 이윤추구를 모토로 내세워 왔는데 그중 가장 핵심적인 것이 바로 이윤의 극대화다. 동의 여부를 떠나서 이러한 생각은 아주 오랫동안 사람들 사이에서 인정, 수용되어 왔다. 그러나 1940년대를 전후하여 이윤의 극대화만으로는 기업이 생존하기 어렵다는 위기감을 의식하게 되고, 1950년대부터는 제품 소비자와 직원 그리고 사회를 배려해야만 한다는 등의 기업의 '사회적 책임(social responsibility)'에 눈뜨기 시작하였다. 그리고 1960년대에 접어들어 경제 질서가 재편되는 과정에서 기업의 사회적 책임을 강조하는 '기업윤리(business ethics)'와 '윤리경영(ethical management)'을 내세우는 움직임이 싹트면서 세계 각국의 기업들은 앞다투어 그 정신을 살린 새로운 경영윤리 강령 제정을 서두르기 시작하였다. 우리나라도 1980년부터 대기업에서 윤리경영을 위한 강령을 만들고 그 실천을 위한 노력을 서둘렀다.

윤리경영이 대두한 배경에는 기업을 다양한 이해관계 집단의 시각에서 바라보면서 기업이 사회에 대하여 수행해야 할 법적, 경제적 책임은 물론 그 윤리적, 도덕적 책임도 절감해야 한다는 사회 구조 및 가치관의 변화라는 시대적 흐름이 있었다. 일반적으로 윤리경영은 기업의 활동에서 기업의 윤리, 즉 사회에 대한 기업의 책임을 기업이 추구해야 할 최우선의 가치로 생각하여 모든 업무 활동의 기준을 그러한 윤리규범에 맞추어 투명하고 공정하며 협력적인 업무 수행을 함으로써 기업의 이해관계자인 고객, 주주, 협력단체, 지역사회 모두가 함께 성장하고 가치를 나누는 것이라고 할 수 있다(Dickson & Eckman, 2006). 윤리경영은 지난날처럼 경제원칙에만 기초하는 것이 아니라, 윤리적 판단을 전제조건으로 하며 법이나 정부 규제를 준수하는 이상으로 공정해야 한다는 것을 기업경영의 원칙으로 하고 있다. 또 그렇게 하기 위해서 생산자와 소비자 그리고 환경에 대한 배려가 선행

될 것을 요구한다(Cooper, 2005). 기업은 안정과 이윤만 추구할 수 없고 창의, 도전, 모험, 부단한 변혁을 통해서 성장을 해야 하기 때문에 그 과정에서 사회적 책임까지 의식, 실천하기란 결코 쉬운 일은 아니다.

우리나라에서는 그러한 윤리로 경영하는 사회적 기업을 '착한 기업' 혹은 '사회적 기업'이라고도 하며, 비록 규모는 작지만 '마을금고' '협동조합' 등이 대표적인 사회적 기업의 본보기에 해당한다. 대기업에서도 윤리경영을 표방하지만, 아직은 기업의 사회적 책임을 제대로 수행하는 기업은 찾아보기 어렵다. 거듭 말하지만, 기업은 재무, 노무, 인사관리를 철저히 하면서 제품의 기획과 생산, 판매를 통해 이윤의 극대화를 추구하는 것을 기업경영의 가장 핵심적인 포인트로 다루어 왔다. 그러나 이제 기업도 제품을 기획하는 순간부터 소비자를 의식하고 배려하면서 제품을 기획, 생산, 판매하려고 노력할 때 장기적으로 성장, 발달할 수 있는 시대가 되었다. 돈만 벌려고 하고 오직 이익만을 추구하는 회사는 살아남기가 어렵고 사회와 고객을 생각하면서 사업을 해야만 성장, 발달할 수 있다. 그러한 생각을 실천하는 기업이 사회적 기업으로서 윤리경영을 하는 기업이다.

티베트의 승려인 달라이 라마도 실리콘밸리의 산타클라라 대학에서 배려의 경영학—무엇보다 먼저 배려의 윤리와 정신—을 강조하는 기업경영을 역설한 바가 있다(차진우, 2014). 거기서 그는 티베트 불교에 나오는 '통렌(tonglen)'의 정신을 빌려 기업에서의 배려의 윤리를 강조하였다. '통렌'은 타인의 고통을 함께 느끼는 행위를 뜻하는 티베트 말로 불교에서 말하는 자비심, 공감, 배려라는 말에 해당한다고 할 수 있다. 그의 주장을 따르면 개개인의 행복은 주위 사람들의 행복과 밀접하게 연관되어 있다. 그러므로 직장에서 과중한 업무에 시달리는 동료를 돕고, 그가 처한 입장을 이해하고, 그의 실수를 용서해 주는 이타적, 친사회적 정신과 행동이 '통렌'이고 공감, 배려라고 할 수 있다. 배려는 배고플 때에 맛있는 음식을 대접받을 때처럼 두뇌부위를 활성화한다. 또한 공감과 배려라는 친사회적, 이타적 행위를 남에게 베풀면 내 기분도 좋아진다는 것은 자명한 이치다.

달라이 라마는 배려란 연습을 통해 길러지고 유지될 수 있다는 점에서 단련과 같다고 믿고 '배려-이타주의 연구소(CCARE)'를 설립, 운영하기 시작했으며 그곳에서 티베트 불교 수련법과 사회심리학의 원리에 입각하여 8주간의 배려훈련 프로그램을 개발하였다. 관점에 따라서는 배려하는 태도와 능력을 키우는 훈련을 대수롭지 않게 여길 수도 있지만, '자기배려가 자기계발의 동기를 강화한다'는 사실은 실험을 통해 입증되었으며, 직장에서 동료들의 말을 경청하고, 도전을 수용하는 법을 배우고, 동료들과 협력하는 등의 태도와 행동은 기업의 풍토와 생산성을 높이는 데도 실용적이다. 달라이 라마는 배려는 "직장에서 더 행복하게 일하도록 할 뿐 아니라 명확한 우선순위와 실효성을 갖고 업무에 더 몰입하도록 한다."라고 하였다. 인간은 사회적 동물이기 때문에 모두 협력해야 성공한다. 비즈니스는 자기중심적인 태도가 지배하는 영역이긴 하지만 다른 사람에 대한 배려가 오히려 수익성을 높이는 데 유익하다는 사실을 잊어서는 안 된다.

종교인마저 기업의 사회적 책임의 중요성과 유용성을 강변할 정도로 기업의 윤리경영은 사회적 이슈로 등장하였다. 윤리경영의 실제 예를 들면, 제품을 생산, 판매하는 회사에서는 소비자가 그들의 제품을 구매, 사용할 때에 겪게 되는 어려움과 그들의 요구를 다각적으로 충분히 그리고 성실하게 검토, 배려하여 제품을 기획, 디자인해야 한다. 구매 및 결재, 반품, AS 과정에서 나타날 수 있는 소비자의 요구에 배려를 쏟지 않는 상품은 잘 팔릴 수가 없다. 구체적인 사례로, 판촉만 생각하고 소비자에 대한 배려가 없는 광고는 허위와 과장 광고로 소비자를 현혹함으로써 기업이 지켜야 할 사회적 책임을 망각하는 것이 된다. 기업은 정직한 제품을 만들어 정직하고 성실하게 판매해야 한다. 그것이 바로 기업의 사회적 책임이고 반드시 지켜야 할 윤리이며 도덕규범이다. 소비자와 환경을 배려하지 않고 제품의 생산, 판매, 이윤에만 열을 올리는 기업은 망하게 마련이다.

그렇다고 기업의 사회적 윤리가 기업 또는 생산자의 힘으로만 이루어질 수 있는 것은 아니다. "손뼉도 마주쳐야 소리가 난다." 혹은 "백지장도 맞들면 낫다."라는 속담이 있다시피 기업의 사회적 윤리도 소비자 쪽에서 '소비자 윤리'를 지킬 때 진정한 의미에서 그 실현을 기대할 수 있다. 그러한 기업윤리를 세워서 성실히 실천하는 기업을 '착한 기업'이라고 부르듯이 우리나라에서는 소비자 윤리를 잘 지키는 것을 '착한 소비자' 혹은 '착한 소비'라고 한다(홍연금, 2008). 소비자도 제품을 선택, 구매할 때에 환경 및 자원 보호, 재사용과 폐품처리에 대해 깊이 고민해야 하며, 덮어놓고 싸게 구입하려고 하기보다 생산자와 판매자의 이윤도 생각하여 정당한 가격을 지불하고 구매, 사용하는 것이 '착한 소비'에 해당한다(Harrison & Newholm, 2005). 사회적 책임을 강조하는 기업윤리는 남들이 하니까 나도 한다는 식으로 구호로만 외쳐서 될 일이 아니라 사회구성원들이 일체감을 이루어 공생·공존의 의식과 윤리를 형성하여야만 거둘 수 있는 열매다.

6) 행정업무와 배려

고대 그리스의 철학자 아리스토텔레스가 "인간은 사회적 동물이다."라고 말했듯이, 사람들은 개개인으로서도 존재하지만 한편으로는 끊임없이 타인과의 관계 속에서 존재한다. 인간은 그 역사와 함께 집단, 즉 사회를 형성하여 존재하여 왔고 그 중심에 조직이라는 것이 자리 잡고 있다. 사람들이 모여 합리적으로 협동적인 집단행동을 하려면 그 조직이 추구하는 목표를 달성하기 위한 활동이 필요한데, 그 활동을 행정이라 할 수 할 수 있다(백완기, 2007).

행정에서의 배려는 관련된 인사들에 대한 배려만 뜻하지 않고 사안과 그것을 집행하는 과정에 대한 배려도 포함한다. 만약 행정업무를 수행하는 데서 배려, 특히 직원들 간, 즉 동료 간, 상사와 부하직원 간, 부서 간에 인간적으로 이해하고 배려, 소통하는 마음과 행동이 결여되어 있다면, 그 조직은 생명을 잃은 조직이며 윤활유 없이 맞물린 톱니바퀴들과 조금도 다를 바가 없다. 배려와 소통이 없는 조직의 행정이란 직원들 간에 서로 아끼고 사랑하는 마음이 없어서 '우리'라는 공동체 의식도 부족하고 개인적인 이해를 중심으로 조직 내에 사적 인맥과 패거리가 조성되면서 조직이 좀먹게 된다.

'행정은 서비스'라고 일컫을 정도로 행정에는 민원 및 대외 접촉을 통해서 이루어지는 업무가 많다. 규모가 작은 조직을 비롯한 모든 조직에는 대외업무가 있으며, 민원창구는 그 대외업무를 처리하는 대표적인 부서다. 국민이 중앙정부나 시청, 구청 또는 유관기관에 행정적 해석이나 행정적 처리를 하여 줄 것을 요구하는 민원업무는 행정업무의 중요한 부분이다. 우리나라에서는 민원을 처리할 때에 어떤 청원에 대해 배려하였다고 하면 마치 담당자가 규정을 어겨 가면서 적당히 사적으로 부당하게 혜택을 주는 방식으로 청원을 처리하였다고 잘못 생각하는 경향이 있다. 또한 많이 개선되었다고는 하나 유교적 배경과 일제시대 행정 스타일이 아직도 잔존하여 민원업무 담당자가 고압적, 관료적 태도를 취함으로써 일어나는 말썽도 끊어지지 않는다.

민원업무는 담당직원이 청원을 접수, 분류하여 관련 부서에 이첩하고 민원인에게 그 결과를 통보하는 것으로 극히 제한적이다. 하지만 말단 조직의 민원 담당자는 과거의 민원 담당자가 민원업무를 처리하듯이 단지 접수된 민원을 분류하여 관련 부서에 넘기고 기계적으로 민원 제출자에게 그 결과를 통보하는 것이 아니라, 마치 자신의 일을 돌보듯 하는 마음으로 민원 제출을 통하여 행정적 해결을 구할 수밖에 없는 민원 제출자의 답답하고 억울한 심정을 이해, 공감하여 정성과 관심을 기울여 민원을 처리하는 자세가 필요하다. 즉, 청원을 하는 심정과 상황을 이해, 공감하여 법이 허용하는 범위에서 청원자가 요구하는 일이 성사되도록 최선을 다하는 배려가 선행되어야 한다. 이것이 민원업무를 처리하는 이의 기본정신이고 자세임을 잊어서는 안 된다.

행정에서 정책결정은 이해당사자들과 직접 만나 협의해야 할 때가 종종 있기도 하지만, 민원업무처럼 이해당사자와 직면해야 할 경우는 거의 없다. 그러나 행정에서 정책을 결정하는 과정에서도 정책을 집행할 때처럼 이해당사자들을 배려하면서 정책을 수립할 필요가 있다. 사회 또는 조직의 안정과 질서를 유지, 발전시키고 그 효율성을 극대화하는 것이 행정의 목적이고 기능이기 때문이다. 행정에 내포되어 있는 관리적, 통제적 측면 때문에 행정이 관료제적 속성을 지니게 되고, 때로 고답적이며 오만하고 비인간적인 속성을 가졌다고 비판을 받고 있다. 특히 우리나라는 조선 시대와 일제 시대 관료체제의 영향을 받아 '관은 갑, 민은 을'이란 상하관계 의식에서 벗어나지 못하고 있으며, 정책결정에서도 아직 관료적 색채가 많이 남아 있는 사실을 부인하기 어렵다.

민주행정은 국민(시민, 주민)의 의사에 따른 국민(시민, 주민)을 위한 행정이기 때문에 첫째도 국민, 둘째도 국민을 위한 행정이어야 한다. 행정은 업무를 중심으로 인사행정, 재무행정, 교통행정, 산업행정, 수산행정, 농업행정, 홍보행정 등으로 구분되지만 그것들은 모두 사람을 위해, 사람이 하는 일이다. 그러므로 행정은 기본적으로 국민(시민, 주민)을 위한 서비스요, 봉사다. 기독교에서의 예배를 영어로는 '서비스'라고 한다. 마치 기독교 신자가 하나님을 받들고 섬기듯이 서비스는 타인을 받들어 섬기고 모시는 행위를 뜻하며, 온전한 서비스가 되려면 봉사와 소통이 그 길을 밝히고 열어 주어야 한다. 거듭 말하지만, 행정은 주민을 위한 서비스이고 봉사다. 그래서 배려가 깃들지 않은 행정은 민주행정이라 할 수 없다.

의사와 환자의 관계에서 환자가 의사를 믿고 존경하며 의사는 환자를 인간적으로 배려하듯이, 행정은 주민을 위한 서비스와 봉사의 정신으로 기획, 실천되는 것이 원칙이다. 설혹 행정 서비스가 관련 이해당사자가 바라는 대로 처리되지 않은 경우에도 담당자가 민원을 공정, 성실하게 처리했다는 느낌을 주도록 처리해야 한다. 국회도서관에 소장되어 있는 행정에 관한 논문 대부분이 민원업무의 실태, 현황, 처리, 과정 그리고 실적보고이고, 민원처리 개선을 위한 연구는 희소하다(권오철, 김필두, 김경훈, 2004). 특히 민원업무의 본질과 그 업무의 과정을 개선하기 위한 연구가 거의 없어 그 부분에 관한 연구가 필요하다.

3. 그 밖의 배려 유형

나딩스(2003)는 배려를 받는 대상에 따라 배려의 유형을 여섯 가지로 분류하였다. 그러나 그는 그 외에도 자연적 배려와 윤리적 배려, 참 배려와 헛 배려, 적극적인 배려와 소극적인 배려에 대해 자주 언급하였고, 그것들은 배려의 형태를 이해하는 데 도움이 되는 배려 형태라고 생각한다. 여기서는 배려의 유형에 대한 더 넓은 이해에 도움이 될 것이란 전제하에 나딩스가 거론한 자연적 배려와 윤리적 배려, 참 배려와 헛 배려, 적극적인 배려와 소극적인 배려에 대해 설명하기로 한다.

1) 자연적 배려와 윤리적 배려

도덕성이 정서에 근원을 두고 있다는 흄(Hume)의 입장을 지지하는 나딩스(2003)는 배려를 자연적 배려(natural caring)와 윤리적 배려(ethical caring)로 구분하였다. 자연적 배려란 자연발생적인 것으로 애정이나 경향성으로부터 유발된다. 피배려자의 요구에 자연적으로, 본능적으로 반응하며 당위나 의무가 개입되지 않는다. 친밀한 관계 중에서 특히 부모와 자녀 간의 관계는 자연적 배려에 의해 형성된다. 자녀를 '보살펴야 하기 때문에' 보살피는 것이 아니라, 부모-자녀

간의 자연적인 관계가 '자연스럽게 보살피도록 하기 때문에' 자녀를 보살피게 된다. 따라서 자연적인 경향성에서 우러나오는 자연적 배려가 의무감에서 비롯된 윤리적 배려보다 우선적이다.

윤리적 배려란 규칙이나 원리가 아니라 '이상적 자아'라고 불리는 윤리적 자아의 발달에 근거한다. 윤리적 자아란 관계성을 인식할 때 형성되는 것으로, 자신의 이익을 우선시하고 싶은 상황에 직면했을 때 그러한 욕구를 억제하고 극복하여 윤리적 배려로 승화시키는 주체를 의미한다. 배려하는 주체가 자신을 배려자로 인식하고 그 역할을 유지하고 강화하기 위해 노력하는 것이 윤리적 이상이라고 할 수 있다. 윤리적 이상은 배려하고 배려를 받을 때 느껴지는 기쁨, 보람, 고마움 등의 정서를 통해 강화된다.

2) 참 배려와 헛 배려

나딩스는 배려를 할 때에도 반드시 지켜야 할 윤리, 즉 배려의 윤리(ethics of care)가 있다고 하면서 배려의 형태를 '참' 배려와 '헛' 배려로 나누었다. 다른 사람 또는 그가 수행하고 있는 일이나 상황에 대하여 안타깝게 여기고 보살펴 준다고 해서 다 배려라고 할 수 없다(Noddings, 2003). 예를 들어, 시의원 선거에 출마할 사람이 표를 얻을 것을 의식하여 독거노인들을 보살핀다면 그것은 진정한 의미의 배려라고 할 수 없기 때문이다. 그와 같은 행동은 겉으로 배려인 것처럼 보이지만 진정한 의미의 '참' 배려가 아니다. 체면이나 평판, 소문, 대가, 이해득실 같은 것을 전혀 의식하지 않으면서 단지 다른 사람이나 그 사람이 겪고 있는 일을 돕고 보살펴 주는 마음과 행위만이 진정한 의미의 배려가 된다. 삶 속에서 형식적이거나 혹은 가식적이며 위선으로 베푸는 배려가 너무나 많다. 진솔한 마음에서 우러난 '참' 배려가 아니면, 배려를 일종의 수단으로 이용하는 위선적인 배려이지 '참' 배려가 아니다.

나딩스는 배려는 능동적이고 순수하며 거의 무조건적으로 마음에서 우러나온 것이어야만 하고, 또한 아무리 착한 마음으로 도운다고 할지라도 상대방의 체면이나 자존심을 상하게 하면서 돕는 것은 진정한 의미의 배려라고 할 수 없다고 하였다. 예컨대, 나딩스는 양로원에 어머니를 맡기고 그 비용을 책임지는 아들이 생각할 수 있는 상황을 중심으로 '헛' 배려, 즉 순수하지 않는 배려를 세 가지 유형으로 예시해 보였다. 진정한 의미의 배려가 어떤 것인지 이해하기 위해서는 이른바 '헛' 배려란 어떤 것인지를 아는 것이 도움이 되기 때문에 소개하기로 한다.

(1) 아들이 '나는 내 어머니를 지극히 사랑하고, 아끼고, 염려하여 양로원에 맡기고 그 비용을 내가 부담하고 있다. 그러나 그것은 나에게 큰 부담이다.' 라고 생각하면, 이 경우 아들은 자신이 하는 일(배려)의 책임이나 의무에 압도되어 부담을 느끼고, 그의 관심의 초점은 자신에게 향하고 있다. 결과적으로 자신이 배려의 대상이 되고 있기 때문에 이것은 진정한 의미의 배려가 아니다.

(2) 아들이 '내가 어머니를 직접 모시고 보살피거나, 양로원에 맡겼더라도 더 자주 방문해야 하지만, 내가 할 일이 너무 많아 부득이 양로원에 맡길 수밖에 없다.'라고 죄스러움을 느낀다면,

이 경우도 그는 자신이 할 일(어머니에 대한 배려와 보살핌)을 다 하지 못한 데 대하여 일종의 미안함이나 죄책감을 느끼고 갈등하고 있다. 그래서 어머니에 대한 그러한 배려는 중단하고 싶고, 그 일로 그 자신이 다른 사람의 배려를 받아야 하기 때문에 이것도 진정한 의미의 배려가 아니다.

(3) 아들이 '어머니를 보살피고 양로원 비용을 분담할 수 있는 형제가 많지만 오직 나만이 그 비용 전액을 책임지고 있다.'는 것을 자랑스럽게 여기면서 이따금 주변에 그 사실을 이야기하고 다닌다면, 이 경우 그는 다른 형제들은 어머니를 배려하지 않고 오직 자신만이 어머니를 돌보는 것으로, 즉 사람들로부터 자신이 배려자라는 인정을 받기를 원하면서 결과적으로는 자기 어머니를 마지못해 돌보고 있는 것이므로 이것도 진정한 의미의 배려가 아니다.

이 세 경우 모두 진정성과 순수함이 결여된 '헛' 배려로서 진정하고 순수한 의미의 배려가 어떤 것이어야 하는지를 깨닫게 하여 준다. 진정한 의미의 '참' 배려란 그것이 자연적 배려이든 윤리적 배려이든 배려를 하는 자가 자신의 이해득실이나 책임감, 사회적 지위, 체면 및 배려를 받는 사람과의 친소 관계 등을 전혀 의식하지 않고서 그야말로 어려움을 겪고 있는 다른 사람이나 그가 하는 일을 안타깝게 여겨 그를 도와주려는 순수한 마음 또는 행동에서 우러나온 배려여야 한다는 것이다. 이 경우 그 마음이나 행동이 자신도 모르게 무의식적으로 우러나는 것이냐 또는 그 사람의 도덕적, 규범의식에서 나온 것이냐를 따질 필요는 없다. 그것이 이해득실을 따지거나 사회적 지위 및 체면이나 책임감에 얽매여 억지로 하는 '헛' 배려가 아니면 그 나머지는 모두 '참' 배려로 인정하기 때문이다.

3) 적극적 배려와 소극적 배려

나딩스(2003)는 또한 배려의 주체와 객체 간의 관계에 주목하여 배려를 적극적 배려(caring for)와 소극적 배려(caring about)로 나누었다. 'caring for'를 적극적 배려, 'caring about'을 소극적 배려로 번역한 것은 영어 'for'는 '어떤 사물을 위하여 또는 어떤 지점, 방향에 초점을 집중하여'를 뜻하는 데 비해, 'about'은 '어떤 사물의 주변, 대략, 대충 또는 근처'라는 뜻을 지니고 있기 때문이다.

적극적 배려는 부모가 자녀를 보살피거나 교사가 학생에게 관심을 갖고 교육하거나 혹은 호스피스 봉사자가 환자를 보살피는 경우이며, 소극적 배려는 상대에게 불필요한 고통이나 피해를 주지 않도록 주의를 기울이거나 조심하는 정도의 배려를 뜻한다. 예를 들어, 강물에 빠진 사람을 보고 강에 뛰어들어 그 사람을 구조하는 것은 적극적 배려인 반면, 길을 걷다가 구걸하는 사람을 보고 비웃거나 무시하지 않지만 그저 '안타깝다' '가엾다' 또는 '애처롭다' 하는 정도의 가벼운 연민의 정을 갖는 것은 소극적 배려가 된다.

대체로 적극적 배려는 가족, 친구, 동료 등과 같이 배려의 주체와 특별한 또는 친근한 관계가 있는 대상에게 베풀어진다고 이야기된다. 하지만 재난을 입은 다른 나라 사람들을 도우려고 직접 현장으로 가서 장기간 물심양면으로 돕는 자원 봉사자들을 보면, 친근함의 정도가 적극적 배려와 소극적 배려를 구분하는 척도는 아닌 것으로 보인다. 소극적 배려는 주로 모든 사람, 즉 우연히 마주치는 사람들에게 적용될 수 있다. 예를 들어, 전철이나 버스 안에서 주변 사람들에게 불쾌감이나 피해를 주지 않도록 자신의 행동을 각별히 신경쓰는 것 또는 자연환경을 훼손하지 않기 위해 길거리에 휴지를 버리지 않는 것 등이 소극적인 의미에서의 배려 행위라고 할 수 있다. 그러한 측면에서 보면, 소극적인 의미의 보편적 배려란 바로 정의실현의 근간이 되기도 한다.

특수하고 개별적인 관계 차원에서의 배려이든 일반적이고 보편적인 차원의 배려이든 모든 유형의 배려는 배려하는 자의 시간, 에너지, 노동을 요구한다. 적극적인 의미의 보편적 배려에는 그러한 요구가 상대적으로 크게 나타나지만 소극적인 의미의 보편적 배려는 개인에게 그러한 희생을 요구하지 않는다. 인간에게는 생명, 신체, 자유, 재산 등을 보호받고자 하는 욕구가 있고 이러한 욕구를 충족하는 상황에서 베풀어지는 배려에는 다른 사람의 희생이 별로 크게 요구되지 않는다. 단지 서로의 필요욕구에 민감하게 반응하고 서로의 것을 침해하지 않으려고 마음을 쓰기만 하면 되기 때문이다.

삶과 배려: 배려의 의미와 실천 | **3장**

배려의 형성과 발달

1. 길리건의 도덕성 발달
2. 호프만의 공감 발달

배려는 천부적이라는 설도 있고 후천적 경험을 통해 학습, 획득된다는 설도 있으며 또한 유전과 환경의 상호작용을 동해 형성, 발달된다는 설도 있다. 이 가운데 후천적 경험을 통해 학습, 획득된다는 설이 보다 지배적이다. 사실 배려가 생득적이냐 후천적으로 획득되는 것이냐를 따지는 것도 의미 있는 일로서 사람들 사이에서 끝없는 논쟁이 되어 왔다. 어떤 의미에서 배려의 원천은 무엇이며, 그것이 어떻게 생성, 발전되느냐를 알아보는 것도 배려의 형성과 발달을 이해하는 데 큰 도움이 된다고 생각한다.

일반적으로 배려는 배려를 하는 자와 배려를 받는 자의 관계, 즉 만남을 바탕으로 주로 후천적으로 획득되는 것이라고 규정하면, 사람들에 대한 배려에 반응하는 방식을 배울 수 있는 안정적이고 우호적인 환경 속에서 배려 능력을 발달시킬 기회를 제공해야 한다. 배려는 친밀한 사람들과의 관계를 통해, 다시 말해 자기 및 타인, 가까운 사람들과의 정서적 유대관계인 애착관계 속에서 발달하게 된다. 애착은 생애 초기 부모와 같은 주된 양육자와의 관계를 통해 형성되어 자기와 타인의 관계에 대한 인지적 표상, 즉 내적 작동 모델을 형성한다. 애착은 이러한 내적 작동 모델을 통해 일생에 걸쳐 지속적으로 배려 행위를 포함한 대인관계에 영향을 미친다(Ainsworth, 1989; Bowlby,

1982). 주변 사람들의 욕구에 대해 반응하고 공감할 때 비로소 배려가 시작되고 바로 그 지점에서부터 배려가 발달한다.

하지만 배려는 배려를 받는 자와 그에 대한 배려자의 인식과 반응 행위만으로 완성되는 것이 아니라, 배려를 받는 자에 대한 배려자의 도덕적 감수성이나 공감 능력과 같은 도덕적 정서가 배려의 원천이 된다. 길리건(1982)의 주장을 따르면, 배려는 타자와 함께 느끼는 것, 즉 자기감정의 조절뿐만 아니라 상대의 감정을 상대의 관점에서 수용하고 공감해 주는 마음과 행동도 포함한다. 이때 배려라는 도덕적 행위의 기초가 되는 것은 감정과 정서이고, 공감은 상대의 감정에 동참함으로써 그의 감정과 느낌을 공유하는 정서적 활동이다. 예를 들면, 부모가 자녀를 배려하고 교사가 학생을 배려하는 것은 곧 자녀와 학생의 감정을 수용하고 공감해 주는 데서 찾아볼 수 있다.

길리건(1977)은 배려의 발달을 도덕성 발달 단계로 설명하였다. 호프만(2000) 또한 공감적 정서와 도덕성을 기본으로 배려의 형성 단계를 설명하였다. 그는 자아와 타자 및 그 관계에 대한 인식의 발달로 배려의 발달을 해석하려고도 하였다. 호프만의 인지발달론적 관점에서 다룬 배려의 발달을 예외로 하면, 길리건과 호프만이 각각 제시한 배려의 발달 단계는 기본적으로 배려에는 도덕성이 중요 요소라는 점을 전제하고서 도덕성의 발달이라는 차원에서 배려의 발달을 논하고 있다. 이 장에서는 길리건과 호프만이 제시한 배려의 발달 단계를 소개함으로써 배려의 형성과 발달에 관한 논의를 대신하고자 한다.

1. 길리건의 도덕성 발달

도덕성의 발달을 다룰 때 콜버그(Kohlberg, 1968)는 정의의 윤리를, 길리건(1977; 1982)은 배려의 윤리를 강조하였다. 정의의 윤리와 배려의 윤리를 어떻게 규정하든 그들에게 배려란 도덕성의 주요 덕목 중의 하나이고 배려의 발달 및 그 과정은 도덕성의 발달 및 그 과정으로 설명될 수 있다. 송명자(2009)는 길리건이 제시한 도덕성 발달과정을 더 상세하게 나누어 다섯 단계, 즉 (1) 자기중심적 단계, (2) '이기심'에서 '책임감'으로의 변화 단계, (3) '책임감과 자기희생'의 단계, (4) '진실에 대한 관심' 단계를 거쳐 궁극적으로 (5) '자신과 타인 모두에 대한 배려'의 단계로 구분했다.

자기중심적 단계에서는 이기적인 자기배려가 나타난다. 여기서는 다른 사람에 대한 관심이나 배려가 절대적으로 결여되며, 자신에게 최상의 것이 무엇인가에 따라 최종적인 도덕적 판단을 한다. 그러나 도덕성이 성숙됨에 따라 점차 '이기심'에서 '책임감'으로의 변화 단계, '책임감과 자기희생'의 단계, '진실에 대한 관심' 단계를 거쳐 궁극적으로 '자신과 타인 모두에 대한 배려' 단계로 발전하게 된다.

1) 자기 지향적 단계

자기 지향적(orientation to individual survival) 단계는 도덕적 추론의 가장 초보적 단계로서 자신의 이익과 생존에 집중하는 단계다. 이 단계에서는 스스로의 생존을 위해 지극히 자기중심적으로 도덕적 판단에 이르게 된다. 어떤 상황이 자신의 욕구와 갈등을 일으킬 때에만 도덕적 사고와 추론이 시작되며, 어느 쪽이 자신에게 더 유익한가가 판단의 준거가 된다. 다른 사람에 대한 관심이나 배려가 결여되어 있으며, 자기 자신에게 최상의 것이 무엇인가에 따라 도덕적 결정이 내려진다. 자기 자신의 욕구 충족에 관심을 두며 자기 자신에 대한 배려만이 강조된다.

2) 이기심에서 책임감으로의 변화 단계

이기심에서 책임감으로(from selfishness to responsibility)의 변화 단계는 다른 사람과의 관계성을 인식하고, 도덕적 판단 기준이 이기적인 것에서 관계와 책임으로 옮겨 가기 시작한다. 자신이 원하는 것, 즉 이기심과 자신이 해야만 하는 것, 즉 책임감이라고 하는 개념들의 대립이 시작된다. 자신의 판단이나 행동을 이기적이라고 자책하기도 하지만, 한편으로 이러한 현상이 나타나는 것은 자기와 타인 간의 관계성을 인식하기 시작했다는 것을 의미한다. 이기심이 다른 사람을 고려하는 책임감으로 서서히 변해 가기는 하지만, 도덕적 판단의 기준은 여전히 자신의 행복에 있는 단계다.

3) 자기희생으로서의 선(善) 단계

자기희생으로서의 선(goodness as self-sacrifice) 단계는 다른 사람이 원하는 것을 위해 자신의 욕구를 희생할 줄 아는 단계다. 도덕성의 사회적 조망이 발달하기 시작하여 자신의 욕구를 억제하고 다른 사람의 욕구에 부응하려는 시도가 나타난다. 다른 사람들에 대한 책임이 더 강조되며, 자기에게 의존하는 사람이나 자기보다 열등한 사람을 보살피고 배려하는 모성애적 도덕성을 채택한다. 자신의 욕구를 희생해서라도 다른 사람의 욕구를 충족해 주고자 한다. 자기희생과 타인에 대한 배려를 동등하게 선한 것으로 간주한다. 모든 사람의 이익을 충족할 수 없는 상황에 직면하면 자신을 희생하면서 타인을 배려하고 책임지는 행동을 선택한다. 그러나 이 단계에서는 배려의 대상이 오로지 다른 사람에게만 국한되므로, 오히려 자신에 대한 배려가 간과되는 모순이 있다. 자기희생을 도덕적 이상으로 간주하게 되므로 자기 자신과 다른 사람 간의 관계적 평형 상태가 무너지고 대인관계에 대한 의존이나 종속을 초래할 수 있다.

4) 선에서 진실로의 변화 단계

선에서 진실로(from goodness to truth)의 변화 단계는 자신의 가치에 대한 비판적 의문이 제기되는 단계다. 자신의 가치와 욕구에 대한 관심이 잘못된 이기심이었는지에 대해 숙고하기 시작하며, 개인적 욕구와 타인에 대한 배려 및 책임감에 대한 균형의 필요성을 인식하게 된다. 다른 사람의 욕구뿐만 아니라 자신의 욕구도 고려하여 도덕적 판단을 한다. 다른 사람에 대한 책임을 느낌으로써 '선하게' 되고자 하지만, 자신에 대한 책임을 느낌으로써 '정직하게' 되고자 한다. 책임감의 개념이 자신의 욕구와 이해관계를 포괄하는 방향으로 확대되는 것이다. 자아와 타인 간의 관계를 재고하게 되며, '선'(goodness)에 대한 관심보다 '진실'(truth)에 대한 관심이 더 증가한다.

5) 비폭력 도덕성 단계

비폭력 도덕성(morality of nonviolence) 단계에서는 개인의 권리 주장과 타인에 대한 책임이 서로 조화를 이룬다. 자신을 무력하거나 수동적인 존재로 고려하지 않고 의사결정 과정에 적극적으로 참여한다. 인간관계는 상호적이라는 것을 인식하게 되며, 자신과 타인의 관계에 대한 새로운 이해를 통해 이기심과 책임감 간의 갈등적 대립을 해소하게 된다. 자신의 권리를 주장하는 동시에 다른 사람에 대한 책임도 고려한다. 이 단계에서 개인적 권리와 타인에 대한 배려가 조화를 이루어 나타나는 비폭력, 박애, 평화 등의 가치는 도덕성의 주요 지표가 된다.

2. 호프만의 공감 발달

사회인지론적 관점에서 도덕 발달을 논한 호프만(1975; 2000)은 공감적 정서와 배려의 발달을 도덕성의 발달과 관련지어 파악하였다. 그는 자기(self)와 타자(other, 사람 및 사물)에 대한 인식의 발달을 중심으로 배려가 발달한다고 주장하면서 자기와 타자에 대한 인식의 발달을 네 단계—(1) 자기와 타자를 혼동하거나 모호하게 인식하는 단계, (2) 자기와 타자를 개별적인 신체적 실체로 인식하는 단계, (3) 자기와 타자를 독립적인 내적 상태를 지닌 존재로 인식하는 단계, (4) 자기와 타자를 각자 자신만의 개인적 역사, 정체성, 삶의 경험 등을 지니고 있는 존재로 인식하는 단계—로 구분하였다.

그는 고통에 대한 공감적 정서를 중심으로 배려의 발달을 논하였지만, 그것은 어디까지나 공감 발달을 중심으로 하여 도덕 발달에 초점을 맞추었다. 그 후 그는 공감을 배려의 근간으로 보고 공감적 고통의 유형이란 이름으로 공감적 고통의 발달을 다섯 단계—(1) 신생아의 반동적인 울음(new-born reactive cry), (2) 자기중심적인 공감적 고통(egocentric empathic distress), (3) 유사 자기중심적인 공감적 고통(quasi-egocentric empathic distress), (4) 현실적인 공감적 고통(veridical empathic distress), (5) 당면 상황을 넘어선 공감(empathic distress beyond the situation)—로 나누었다(Hoffman, 2000).

그가 공감적 고통의 발달 단계를 이와 같이 5단계로 나눈 이면에는 배려의 발달 단계는 도덕의 발달 단계로 그리고 도덕의 발달 단계는 공감의 발달 단계로 파악해야 한다는 그의 평소 주장들이 전제로 자리하고 있다. 공감은 공감적 정서와 상호작용을 통해 형성되며, 기쁘고 즐거운 상황에 대해서도 공감할 때가 있지만 공감은 주로 근심, 걱정, 고민, 슬픔, 고난 또는 재난 등과 같은 '부정적' 정서나 상황에 대한 공감이 주가 되어 있다. 그러므로 공감적으로 각성된 부정적 정서에 주목하면서 배려의 발달을 고통에 대한 공감적 고통과 관련지어 논한 것이 매우 설득력 있고 현실적이며 구체적이다.

1) 1단계: 신생아의 반동적인 울음

신생아는 다른 신생아의 울음소리가 들릴 때, 같이 울기 시작한다. 그러한 현상을 통해 신생아도 이미 타인의 고통에 공감하는 능력을 갖고 있다고 주장된다. 신생아의 울음 반응은 동일한 종(種)의 다른 존재가 내는 울음소리에 대한 선천적인 반응으로, 생존을 위한 적응적 가치가 있는 것으로 알려져 있다. 신생아는 다른 신생아의 울음소리를 자동적으로 모방하며, 모방하는 과정에서 듣게 되는 자신의 울음소리와 자신의 울음에 수반되는 얼굴 근육의 변화 등이 신생아 자신을 정서적 흥분 상태에 이르게 한다(Martin & Clark, 1982). 다른 신생아의 울음에 대한 반응으로 나타나는 신생아의 울음은 자신의 불안과 연관된 자신의 울음과 닮은 다른 신생아의 울음 신호에 대해 조건화된 고통 반응이다. 신생아는 스스로 고통을 느낌으로써 다른 신생아의 고통 신호에 반응한다. 신생아는 자신이 반응하는 다른 신생아를 자신과 연관된 실체로, 즉 자신의 심리적 실체의 일부로 인식하기 때문이다. 그러한 유아의 공감적 반응은 다른 것들에 대한 그의 관심과 감정을 조절하는 능력이 증가하고 또한 유아가 다른 유아를 분리된 실체로 인식하기 전까지 지속된다. 생후 6개월 즈음에 접어들면 유아는 다른 유아가 고통받는 모습을 목격할 때 단지 바라보기만 할 뿐 더 이상 같이 울거나 스스로 고통스러워하지 않는다. 단지, 다른 유아가 고통을 표현하는 울음을 지속적으로 표현할 때에는 비로소 관심을 갖고 같이 울음을 터뜨리는 모습을 확인할 수 있다(Hay, Nash, & Pedersen, 1981). 다른 유아의 고통적 울음에 대한 반응으로 나타나는 생후 6개월경 유아의 울음 반응은 신생아의 울음 반응과는 질적인 차이가 있다. 유아는 어렴풋하게나마 자기 자신을 다른 유아와 신체적으로 분리된 존재로 인식하기 시작하므로 다른 유아의 고통적 울음에 대해서 더 이상 자동적인 울음 반응을 나타내지는 않는다.

2) 2단계: 자기중심적인 공감적 고통

이 단계에서는 유아가 마치 자신이 고통받는 것처럼 다른 유아의 고통에 반응한다. 생후 1년 즈음 유아는 다른 유아가 고통을 호소하는 울음에 대해 반응을 보이기는 하지만, 다른 유아의 고통에 덜 수동적으로 반응하며 자기 자신의 고통을 경감시킬 수 있는 행동을 취하고자 한다. 일부 유아는 다른 유아가 고통받는 모습을 바라보면서 스스로 슬픈 표정을 짓고, 입술을 오므리고, 울음을 터뜨리며, 주변 양육자에게 다가가 품에 안기고 위안을 받고자 하는 모습을 나타내기도 한다(Radke-Yarrow & Zahn-Waxler, 1984). 그러나 이 시기의 유아는 비록 자신을 다른 유아와 분리된 실체로 인식하기는 하지만, 완벽하게 독립된 실체로 인식하지는 못한다. 따라서 다른 유아의 고통스러운 경험에 대한 자각뿐만 아니라 누가 실제로 고통을 겪고 있는지에 대해서 아직 명확하게 구분하지 못한다. 다른 유아의 고통에 대한 반응으로 생겨나는 '공감적 고통'과 자기 '자신의 실제적 고통'을 구분하지 못한다. 유아의 자기 경계가 견고하지 못하여 자신이 느끼는 고통이 어디에서 생겨나는지 혼란스러워한다. 따라서 자신의 실제적 고통에 대해 반응하는 것과 동일한 방식으로 다른 유아의 고통에 대해 공감적 고통을 느끼고 반응을 나타낸다.

3) 3단계: 유사 자기중심적인 공감적 고통

이 단계에서 아동은 그 고통이 자신의 고통이 아니고 다른 사람의 고통이라는 것을 알아차리기는 하지만, 여전히 다른 사람의 내적 상태를 자신의 내적 상태로 혼동하고, 따라서 자신에게 위안이 되는 것을 다른 사람에게도 적용하고자 한다. 2세 즈음이 되면 다른 아동의 고통에 대한 공감적 울음, 훌쩍거림, 물끄러미 쳐다보기 등이 덜 나타난다. 이 시기의 아동은 고통을 호소하는 다른 아동에게 다가가서 가볍게 쓰다듬거나 껴안아 주는 등 보다 적극적인 관여행동을 나타낸다. 다른 아동이 자신과 분리된 신체적 실체라는 것을 인식하기 시작한다. 따라서 다른 아동이 고통을 겪고 있다는 것을 알아차리고 그 아동을 돕기 위한 행동을 취할 줄 안다. 그러나 이 단계에서의 사회인지적 발달은 아직 한계가 있어서, 다른 아동이 자신과 구별되는 독자적인 내적 상태를 갖고 있다는 사실을 아직 깨닫지 못한다. 다른 아동도 자신이 보는 것과 동일한 방식으로 사물을 지각한다고 생각한다. 예를 들면, 울고 있는 친구에게 자기가 좋아하는 장난감을 갖다준다거나 혹은 울고 있는 친구를 자기 엄마에게 데려가 위안을 받게 하는 등이다. 다른 아동이 고통을 당하고 있을 때도 자신에게 위안이 되는 전략을 그대로 적용하고자 할 만큼 자기중심적이다. 이러한 행동은 친사회적 동기로 작용하는 공감적 고통을 드러내는 것이긴 하지만, 여전히 자신의 욕구와 다른 아동의 욕구를 구분하지 못하는 인지적 한계에서 비롯된 행동이다.

4) 4단계: 현실적인 공감적 고통

이 단계의 아동은 이제 다른 사람이 자신과는 무관한 내적 상태를 지니고 있다는 것을 인식하기 때문에 다른 사람이 느끼는 고통에 대해 거의 정확하게 공감할 수 있다. 2세 반 즈음에 접어들면, 아동은 다른 아동들도 고유한 내적 상태를 지니며, 그들의 사고, 감정, 소망 등은 자신의 그것과는 다르다는 점을 인식하기 시작한다. 그 결과, 서로 처해 있는 상황이 다를지라도 다른 아동의 감정과 욕구에 대해 정확하게 공감하고 위로해 줄 수 있게 된다. 이 단계의 아동은 울고 있는 친구에게 자기 장난감을 갖다주지 않는다. 오히려 그 친구가 좋아하는 장난감을 가져다주고 위로하고자 한다. 즉, 자신의 장난감이 왜 그 친구의 울음을 멈추게 하지 못했는지를 성찰하고, 자신처럼 그 친구도 그 자신의 장난감을 원할 것이라고 추론할 만큼 인지적 성숙에 도달해 있다. 이 시기의 인지적 발달 특징이라고 할 수 있는 '성찰적 자아(reflective self)'를 통해 인간은 신체적으로뿐만 아니라 내적 경험의 측면에서도 다른 사람들로부터 분리되는 존재이며, 자신의 외적 이미지는 내적 경험의 한 측면이라는 사실을 인식한다. 아동은 자신에게 초점을 두는 역할 채택뿐만 아니라 다른 사람에게 초점을 두는 역할 채택에도 관여하게 된다.

5) 5단계: 당면 상황을 넘어선 공감

이 단계에서는 자신과 다른 사람을 서로 독립적인 역사와 정체성을 지닌 연속적인 인격체로 인식하게 됨으로써, 아동은 다른 사람이 당면한 고통뿐만 아니라 그 사람의 더 광범위한 삶의 맥락에서 느끼는 기쁨, 슬픔, 두려움, 불안 등에 대해서도 공감할 수 있게 된다. 특히 다른 사람의 고통을 목격할 때 자신이 과거에 경험한 유사한 사건들을 떠올리게 되면 더 깊은 수준의 공감이 가능해진다. 고통을 호소하는 사람의 언어적 표현, 상황적 단서, 상황 조건에 대한 제3자의 설명, 고통을 당하고 있는 사람에 대한 개인적인 정보 등에 의해 유발되는 공감은 매개된 연상이나 역할 채택 등과 같은 보다 복잡한 인지 처리 과정을 요구한다. 자신에게 초점을 두는 역할 채택을 취하는 동시에 타자에게 초점을 두는 역할 채택을 취함으로써 다른 사람의 지속적인 슬픔에 대해 공감할 수 있게 된다.

배려윤리[1]

1. 페미니즘과 배려윤리
2. 도덕성의 성별 차이
3. 배려윤리의 발달 계열
4. 배려윤리와 악의 문제
5. 배려윤리이론에 대한 비판
6. 배려윤리의 적용

배려윤리는 종래 도덕이론을 주도해 온 정의윤리에 내재해 있다고 의심되는 남성중심성을 비판하면서 도덕의 여성적 특성과 발달을 정당하게 평가하기 위해 1970년대 후반부터 본격화된 여성주의 윤리학 논변으로서 특히 길리건(Carol Gilligan)과 나딩스(Nel Noddings)에 의해 제창, 발전되어 왔다. 이들은 종래의 주지주의 전통에 의거한 콜버그(Lawrence Kohlberg)의 도덕성 발달이론 연구가 정의, 평등, 추상적 추론 등 남성적 특성만을 중시함으로써 타인의 반응이나 관계성을 중시하는 여성적 도덕 추론 특성을 고려하지 못한 채 마치 여성들이 남성들에 비해 도덕성이 열등한 것처럼 평가한 데 반기를 들고 여성 특유의 도덕적 특성을 본격적으로 조명하고 있다. 아울러 자유주의와 개인주의의 확대로 사람들 사이의 공동체 의식 조장에 실패하고 있음을 비판하면서 공감, 배려, 헌신, 협동을 강조하는 여성적 윤리를 그 보완(길리건) 혹은 대안(나딩스)으로 제시하고 있다.

1) 한국교육철학회, 「교육철학」 제58집(2016. 3)에 발표된 내용을 약간 수정한 것임.

1. 페미니즘과 배려윤리

배려윤리는 기존 윤리학이 갖고 있던 남성중심성에 대한 비판이란 맥락에서 출발하였기 때문에 배려윤리의 발달은 페미니즘, 즉 서구의 여성주의 또는 여권주의의 전개와 밀접한 관련을 가진다. 서구의 페미니즘 전개 과정은 크게 세 시기로 나눠는 것으로 보인다. 제1시기는 18세기부터 20세기 초반에 이르기까지 자유주의 이념의 발달 과정에서 여성 선거권 주장을 중심으로 한 법적, 제도적 측면에서의 여성 인권 강화가 중심이 되는 시기다. 제2시기는 1960년대 이후 여성문제 해결을 위한 활발한 활동을 하면서 사회참여, 동등대우, 직업 성공을 추구한 시기다. 그리고 제3시기는 환경오염, 인종차별, 빈곤 문제 등과 같은 남녀 공유의 문제에 관심을 두고 성차 및 사회적 문제 해결을 위해 남성들과 함께 노력하는 시기다(박병춘, 2002: 17-18). 여성윤리학이란 개념은 그중 제2시기 후기라 생각되는 1980년대에 전통 윤리학이 갖고 있던 여성 편견을 시정하려는 움직임 속에서 본격적으로 사용되기 시작한 것으로 보인다. 즉, 길리건이 기존의 도덕성 발달이론의 남성중심적 경향을 비판하고 그 보안으로서 배려윤리를 주장하기 시작하면서부터였다고 할 수 있다.

길리건(Gilligan, 1982)은 도덕적 추론 양상의 변화만으로 도덕적 발달을 가늠하는 전통적 도덕발달이론은 남성편향적일 수밖에 없다고 보고 여성의 도덕 발달을 측정할 수 있는 새로운 기준으로서 배려윤리를 제시하게 되었다. 이러한 시각은 여러 페미니스트에게 도덕성에 대한 여성적 접근의 전제가 되고 있으며, 이후 여성윤리학은 곧 배려윤리와 동의어가 되다시피 하였다. 사실 길리건의 이러한 도전에는 남녀 차이의 기원에 대한 초도로(Nancy Chodorow)의 대상관계이론(object-relation theory)이 큰 영향을 미쳤다(Gilligan, 1982: 7-8, 9, 11, 16). 정신분석학적 페미니스트인 초도로는 프로이트가 남성성과 여성성의 기원을 선천적 요인에서 찾는 것과는 달리 도덕성에서의 남녀 성차의 기원을 아동양육 책임이 주로 여성인 어머니한테 있는 양육환경에서 찾았다. 따라서 초도로에 의하면, 남녀의 성격이 서로 다르게 발달하는 것은 초기의 사회적 환경을 남녀가 서로 다르게 경험하기 때문이며, 이러한 문제를 극복하려면 일차적인 부모 노릇을 어머니와 아버지 모두가 공유해야 한다(Chodorow, 1978: 336)고 주장하였다.

길리건 이후의 여성윤리학은 길리건의 배려윤리를 어떻게 수용하느냐에 따라 크게 두 가지 갈래로 나뉜다. 한 갈래는 길리건과 같은 입장에서 여성적 경험과 특성을 강조하면서 이를 윤리학적으로 체계화한 여성적(feminine) 윤리학으로, 나딩스(Nel Noddings), 러딕(Sara Ruddick), 헬드(Virginia Held) 등이 대표자들이다. 이들은 전통적으로 여성들과 연관되어 온 인간관계, 책임, 애착, 상호의존, 애정, 동정심 같은 여성적 특성과 여성적 경험을 강조함과 더불어 기존의 가부장적 사회에서 중요시되지 못하던 연민, 공감, 동정, 양육 같은 '여성적인 가치들'의 회복을 강조한다. 또 다른 한 갈래는 여성이 남성에게 종속당하는 '권력문제'에 관심을 가지는 여권주의적(feminist) 윤리학으로, 재거(Alison Jagger), 호글랜드(Sara Hoagland), 트론토(Joan Tronto) 등이 대표자들이다. 이들에 의하면 양육, 동정심, 배려 같은 여성적 특성과 경험에 근거한 길리건의 배려윤리는 기존의 여성억압과 불평등을 극복하고 여남평등을 실현하는 진정한 여성윤리학이 되기보다는 오히려 여성억압과 여성착취를 정당화하고 이를 더욱 강화할 수 있음을 비판하면서, 억압과 종속에서 여성해방을 끌어낼 수 있는 방침을 제공하는 것을 여성윤리학의 지상목표로 하고 있다. 이 장에서 사용되는 '배려윤리'는 넓은 범위에서는 여성윤리학에 속하지만 엄격히 말하면 첫 번째 갈래인 여성적 윤리의 논변에 속한다고 할 수 있다.

2. 도덕성의 성별 차이

현대의 도덕성 발달에 대한 이론은 주로 피아제와 콜버그를 중심으로 주도되어 왔다. 피아제(Piaget, 1965)는 도덕성 발달을 지적 측면의 발달과 관련지으면서 도덕성 발달 단계를 크게 셋으로 나누었다. 규칙에 대한 의무감이 없는 상태로서의 '도덕 이전 단계', 사회규범이나 법률 등을 절대적인 것으로 생각하는 '타율의 단계' 그리고 행위의 결과보다 동기를 중시하면서 규범이나 법률 등도 상황에 따라 고칠 수 있다고 생각하는 '자율의 단계'가 바로 그것이다. 콜버그의 도덕성 발달이론(Kohlberg, 1976)도 이러한 피아제의 연구에 기반을 두고 있으며 도덕적 행위를 곧 도덕적 판단 능력과 관련짓고 그러한 도덕적 판단을 내리게 되는 도덕적 추론이 불변의 단계 계열(벌-복종 지향, 도구적 상대주의 지향, 착한-아이 지향, 법-질서 지향, 사회적 계약 지향, 보편적 윤리 지향)을 거쳐 발달한다고 보고 있다. 콜버그는 이러한 인간의 도덕성 발달 단계를 가상적인 딜레마(예컨대, 하인츠 딜레마)에 대한 응답내용의 분석을 통해 밝혀 냈는데, 연구 대상에는 남성(84명의 소년)만 있었지 여성은 한 명도 포함되지 않은 채(Gilligan, 1982: 18)였다. 결과로 얻어진 콜버그 척도에 비추어 보았을 때 여성의 도덕적 판단은 대개 그 6단계 계열 중 3단계에서 머무는 것으로 평가되었다. 즉, 여성이 남성보다 도덕성에서 뒤떨어지고 열등하다는 뉘앙스가 묻어 있었다.

도덕에서의 여성의 상대적 열등성에 대해 프로이트(Freud, 1925)는 일찍이 그것을 남녀 간의 생리적 차이에 기인하는 것으로 설명한 바 있다. 프로이트의 주장에 따르면, 어린아이들은 어머니에게 애착을 느끼며 어머니를 전능한 존재로 인식한다. 그러다가 오이디푸스기에 접어들면서 소년들의 경우 어머니에 대한 근친상간적인 욕망이 거세불안을 통해 억제되면서 대신에 아버지를 동일시하게 되나, 소녀들의 경우는 어머니를 계속 사랑의 대상으로 하고 거세당할 성기가 없기 때문에 소년들에 비해 어머니에게서 천천히 유리된다고 한다. 이와 같이 프로이트는 도덕성의 단초로서의 초자아 또는 양심은 오이디푸스기의 거세불안 때문에 형성된다고 보고, 거세불안을 갖지 못하는 소녀들의 경우 초자아 형성이 소년들에 비해 더디고 미미하다고 보았다. 따라서 프로이트는 여성은 남성에 비해 정의감이 약하고 사회적으로 중요한 일에 헌신하려는 의지도 약하며, 판단을 내릴 때도 애정이나 증오 감정에 더 영향을 받기 쉽다(Freud, 1925: 4154-4155)고 하였다.

여성의 도덕성에 대한 이러한 '성차별적 주장들'에 대해 길리건은 우선 남성과 여성의 성별 차의 기원을 프로이트와 같은 생물학적 결정론이 아닌 영아기 때 갖는 부모와의 서로 다른 '대상-경험'으로 설명하는 초도로의 자아형성이론(Chodorow, 1978)을 빌려 온다. 초도로는 남자와 여자가 각기 자아에 대해 상이한 개념을 갖게 되는 것은 남자아이는 어머니와의 친밀 관계에서 일찍 분리되지만, 여자아이는 그 관계가 오래 지속되기 때문이라 설명한다. 프로이트처럼 단순히 거세될 성기의 소지 유무가 아니라 관계의 지속 여부로 그 차이를 설명하는 것이다. 남자아이의 경우 어머니로부터 일찍 분리된 결과 다른 사람들과 깊은 관계를 가질 수 없는 관계성의 결핍을 초래하는 반면, 여자아이는 어머니와 결속되고 오랜 기간의 동일시 과정을 거치면서 '관계성의 능력'을 가지게 된다는 것이다. 그리고 여자아이의 이러한 능력은 곧 사적 영역에서 여성이 행하는 양육과 돌봄 일을 할 능력이 된다는 설명으로 이어진다. 이러한 이론을 토대로 길리건은 남자들의 특징인 자기독립성과 여자들의 특징인 친밀감은 성별적 차이로서 윤리적 삶에서 서로 다른 역할을 한다고 주장한다. 남자들에게서 나타나는 '분리'와 '자율'의 현상은 결국 정의, 공정, 규칙, 권리의 문제에 초점을 두는 도덕성을 낳게 되고, 여성들에게서 나타나는 '친밀'과 '연결'의 현상은 결국 다른 사람들의 요구, 흥미, 바람에 관련된 도덕성을 낳게 된다는 것이다. 이와 같은 방식으로 길리건은 도덕의 문제를 성별적 차이로 설명하며, 아울러 여성적 도덕은 배려의 도덕으로서 남성의 정의의 도덕을 보완할 부분이며, 정의의 도덕보다 나으면 나았지 정의의 도덕을 잣대로 해서 열등하다고 평가될 성질의 것은 아니라고 항변한다. 여성의 '도덕적 열등성'에 대한 길리건의 항변은 곧 콜버그의 도덕성 발달론에 대한 비판에로 향하게 된다.

길리건의 하버드대학교 스승이며 동료인 콜버그에 의하면, 아동이 완전한 성인에 이르기까지 거치게 되는 도덕 발달 과정은 '상벌 · 복종 지향' 단계, '도구적 상대주의 지향' 단계, '개인 간 일치 혹은 착한 아이 지향' 단계, '법과 질서 지향' 단계, '사회계약적 준법 지향' 단계를 거쳐 '보편적 윤리원칙 지향' 단계에서 완성된다. 이 경우 소위 전통윤리에서 가르치는 보편적 윤리원칙에 준한 판단이 가장 높은 단계를 점한다. 완전한 성인이라면 본질적으로 칸트의 도덕적 관점에서서 더 이상 이기적 욕심, 다른 사람들의 의견, 법적 관행에 지배되지 않고 오직 정의, 상호성, 인간 존엄의 존중과 같은 자기입법적인 보편적 원리들에 따라 도덕문제를 판단한다(Kohlberg, 1971: 164-165)는 것이다. 그런데 아동기에서 성인기에 이르기까지의 도덕적 판단의 발달을 기술하는 콜버그의 6단계 이론은 사실 20년 이상 동안 수행된 종단적 연구이긴 하지만 소년들만을 대상으로 하였다는 취약점이 있다. 그러면서도 콜버그는 그 단계 진행의 보편성을 주장하였다. 그러니까 여성들을 대상으로 하였을 때 그들은 6단계 중 3번째 단계의 도덕적 판단을 거의 넘어서지 못했다고 한다. 이 3번째 단계에서의 도덕성이란 대인관계적으로 이해된다. 콜버그(Kohlberg & Kramer, 1969)에 의하면 이때의 선이란 곧 다른 사람을 돕고 즐겁게 해 주는 것이기는 하나, 사적인 장소에서만 해당될 뿐 전통적인 남성적 활동 공간인 공적 영역에 들어가면 부적절한 것이 된다는 것이다. 이러한 지적은 길리건에게는 모순처럼 들렸다. 콜버그의 척도에 따르면, 전통적으로 여성적 미덕으로 규정되던 다른 사람의 필요에 응답하고 다른 사람들을 보살피는 것과 같은 바로 그런 특성들 때문에 여성들이 도덕 발달에서 열등한 것으로 규정되기 때문이다. 길리건은 그 이유를 도덕 발달에서의 성숙 개념이 남성들의 생활에 대한 연구에서 도출되었다는 점 그리고 그것도 그 발달 과정에서의 개인화(individuation)의 중요성을 반영하는 점(Gilligan, 1982: 18) 때문이라고 설명한다. 그러면서 도덕 발달 연구가 여성들에 대한 연구에서 시작하고 그들의 삶에서 발달 양상을 찾아내면 프로이트나 콜버그가 기술하는 것과는 다른 도덕 개념이 드러나게 되고 도덕 발달에 대해서도 콜버그와는 다른 설명을 제공해 줄 것이라 주장한다. 그런 경우 도덕적 문제는 권리의 충돌보다는 책임의 충돌 문제가 되고, 그 해결을 위해서도 형식적이고 추상적인 사고가 아니라 맥락적이고 서사적인 사고방식이 요구될 것(Gilligan, 1982: 19)이라고 한다. 여성적 도덕의 시각에서는 도덕은 권리가 아니라 책임의 문제로 보이게 된다는 것이다.

이와 같이 길리건은 여성과 남성은 그 성장 경험에서의 차이로 근본적으로 상이한 도덕이론과 도덕적 언어를 사용하고 있다고 주장한다. 즉, 남성들이 자율성과 독립성을 강조하는 반면에, 여성들은 관계, 친밀감, 상호의존성 등을 소중하게 여긴다는 것이다. 따라서 남성의 목소리인 정의의 원리뿐만 아니라 여성의 목소리인 배려의 원리도 마찬가지로 중요한 도덕적 기준이 되어야 한다고 주장한다. 길리건은 정의의 목소리와 배려의 목소리가 서로 구분되는 상이한 도덕적 목소리로서 성과 밀접하게 관련되어 있음을 보이기 위해 유명한 하인츠 딜레마에 대한 11세 소년 제이크와 11세 소녀 에이미의 대답을 인용하고 있다(Gilligan, 1982: 25-39, 49-51).

소년인 제이크의 경우 합리적인 논리를 보인다.

> 사람의 생명이 돈보다 중요해요. 약사는 1,000달러만 벌어도 살 수 있지만 하인츠가 약을 훔치지 않으면 그의 아내는 죽을 거예

요(Gilligan, 1982: 26).

길리건의 분석에 의하면, 제이크는 재산의 가치와 생명의 가치가 충돌하는 문제라 규정한 다음, 생명이 중요하다는 자신의 선택을 정당화하는 논리를 전개하고 있다. 한마디로 명쾌한 논리를 나타내 보인다. 이 경우 제이크는 도덕적 딜레마를 마치 수학 방정식 풀 듯 그 해결을 시도하고, 합리적인 사람이라면 누구라도 같은 결론을 얻게 될 것이라고 보고 있다.

제이크와는 달리 소녀인 에이미는 배려의 목소리를 보여 주는 예가 된다. 에이미는 마치 논리가 부족하고 생각도 모자라는 듯한 모습이며, 물론 그 논리도 약한 것으로 분석된다.

> 글쎄요. 그래서는 안 될 것 같아요. 약을 훔치지 않아도 되는 방도가 있을지 몰라요. 돈을 빌린다든가 대부를 낸다든가요. 그러니까 약을 훔쳐서는 안 돼요. 하지만 아내가 죽는 것도 안 되죠. (Gilligan, 1982: 28)

또한 왜 하인츠가 약을 훔쳐서는 안 되는가 하는 이유도 에이미는 재산권이나 법이 아니라 약을 훔치는 행위가 하인츠와 그의 아내의 관계에 미치게 될 영향으로 본다.

> 약을 훔친다면 아내를 구할 수는 있겠지만 그러면 아마 감옥에 가야 하겠죠. 그럼 아내는 더 아프게 될 수도 있잖아요. 그리고 더 이상 약을 얻을 수도 없기 때문에 좋을 게 없어요. 그러니 좀 더 얘

기를 해 보고 돈을 구할 수 있는 다른 방도를 찾아야 할 것 같아요 (Gilligan, 1982: 28).

길리건에 의하면, 소녀인 에이미는 하인츠 딜레마를 합리적인 계산 문제보다는 인간의 관계, 애정에 대한 문제로 보고 있다. 관계가 유지되어야 아내가 살 수 있다고 보기 때문에 생명의 가치를 관계 안에서 고려하는 것이다. 그러니까 제이크와 에이미 둘 다 딜레마 해결을 위해서는 합의가 필요하다는 점에선 일치하지만, 제이크가 공적인 논리와 법체계를 통한 해결을 모색하는 데 비해, 에이미는 사적인 관계 안에서 대화를 통해 해결을 찾으려 하는 것을 볼 수 있다고 분석한다. 여기서 길리건은 하인츠의 딜레마에서 소년과 소녀가 서로 다른 도덕 문제를 발견한다는 사실에 주목하였다. 소년은 논리적으로 해소될 수 있는 생명권과 재산권, 즉 권리 사이의 충돌을 발견한 반면, 소녀는 사람들 사이의 대화를 통해 해결해야 하는 인간관계의 문제를 발견한다는 것이다. 책임에 대한 질문에서도 이들은 서로 대조적인 반응을 보여 주는데(Gilligan, 1982: 35-72), 소년의 경우는 침해 가능성의 최소화에 중점을 두는 반면 소녀는 다른 사람의 필요에의 응답에 당위성을 둔다. 이를 포함한 다른 여러 관찰을 통해 길리간은 정의의 목소리와는 구분되는 또 다른 반응으로서 배려의 목소리가 존재한다는 사실 그리고 이 두 목소리는 서로 명확하게 구분되는 상이한 목소리라는 것을 설득하고자 하였다. 분명히 도덕에 대한 또 다른 목소리가 있다는 것이다.

3. 배려윤리의 발달 계열

콜버그의 정의 윤리에 발달 단계가 있듯이 길리건의 배려윤리에서도 나름대로의 발달 계열이 찾아졌다. 콜버그의 그것은 인습 이전 수준, 인습 수준, 인습 이후 수준이란 순서였는데, 길리건의 배려윤리 발달 계열은 자기중심, 타인중심, 상호의존의 순으로 진행되는 것(Gilligan, 1982: 74)으로 설명되고 있다. 이러한 계열은 길리건이 여성 특유의 문제인 임신중절 결정에 직면한 여성 29명과의 면담내용의 분석을 통해 밝혀 낸 것이다. 사실 길리건의 이와 같은 배려윤리의 발달 단계 이론은 콜버그의 인지적 도덕 발달 단계에 근거하고 있으며 콜버그가 사용한 인지적 도덕 추론의 3수준을 전제로 한다. 주로 자신의 이익과 생존에만 관심을 갖는 배려윤리의 제1수준(자기중심: 생존 추구)은 정의 윤리의 인습 이전 수준에, 주로 타인에 대한 책임에 관심을 갖는 제2수준(타인중심: 선함 추구)은 정의 윤리의 인습 수준에, 그리고 자신과 타인 모두에게 관심을 두고 현실을 직시하는 제3수준(상호의존: 진실 추구)은 정의 윤리의 인습 이후 수준에 해당하는 것(박병춘, 2002)으로 알려지고 있다.

제1수준은 자기중심 단계로서 개인적 생존을 최우선으로 하는 단계다. 이 단계 여성들의 유일한 관심은 자신의 생존이며 생존을 위해 지극히 자기중심적이다. 그리고 관심의 초점은 오직 자신의 욕구다. 임신중절 여부 결정에서 이 단계 여성들의 고려는 실용적인 성격을 보이며 그 궁극적 목표는 생존이다. 이렇게 자신에게 초점을 맞추는 것은 자신이 혼자라 느껴지기 때문이라고 한다. 길리건은 이 단계에 있는 베티라는 16세 면담자의 하인츠 딜레마에 대한 토로를 자기 생존에 대한 열망의 한 예로 제시한다.

> 난 생존이 …… 절도를 저지르지 않는 것보다 중요하다고 생각해요. 절도가 잘못일지 모르지만 생존하기 위해서 훔쳐야 한다면, 아니 살인이라도 해야 한다면 그렇게 해야 해요. …… 자기보존이 무엇보다 중요하다고 생각해요. 그것이 삶에서 그 무엇보다 중요해요(Gilligan, 1982: 76).

배려윤리의 제2수준은 책임과 자기희생의 단계로서 이 단계 여성은 다른 사람들에 대한 자신의 책임을 강조하게 되고, 자기에게 의존하는 사람이나 자기보다 못한 사람을 배려하고자 하는 입장을 택한다. 길리건은 선행을 타인을 배려하는 행위와 동일시하는 이 단계 여성의 특징을 잘 보여 주는 예로 유부남과의 관계에서 임신하게 된 드니스라는 25세 여성의 임신중절 문제에 대한 대답을 제시한다.

> 난 단지 아기를 갖고 싶었을 뿐이에요. 그리고 난 임신중절이 옳지 않다고 봐요. 누가 감히 생명이 언제 시작한다고 말할 수 있어요? 난 임신과 동시에 생명이 시작된다고 봐요. 난 내 몸에 변화를 느낌과 동시에 보호본능을 느꼈어요. 하지만 난 그의 아내가 받았을 충격에 대해서도 책임감을 느꼈어요. …… 그는 내가 중절을 하지 않으면 우리 사이가 멀어질 것처럼 느껴지게 했어요(Gilligan, 1982: 81).

그녀는 임신중절이 옳지 못한 선택이라고 생각하면서도 그 남성과의 관계를 지속하기 위해, 바로 타인을 기쁘게 하려는 관심으로 임신중절을 결정하여 책임감과 자기희생으로 특징지어지는 이 단계 여성의 전례가 되고 있다. 흥미로운 것은 길리건에 대한 비판가들이 길리건이 주장하는 배려윤리가 이러한 복종과 희생을 강요하는 가부장적 질서 안에서의 '집안의 천사(Angel in House)'의 도덕성을 미화하고 강요한다고 비판하여 왔지만, 길리건 자신은 사실 이렇게 희생과 헌신을 중시하는 도덕성을 제2수준으로만 보고 있다는 점이다. 길리건이 이러한 도덕성을 발달 수준의 중간에 위치한 미숙한 도덕성으로 보면서 자신과 타인을 동등하게 배려하고 고려할 줄 아는 제3수준의 도덕성을 최고의 발달 단계로 규정하고 있음을 보면, 길리건이 제2수준의 도덕성을 미화하고 있다는 비판은 길리건의 주장을 부분적으로만 이해한 소치라 할 수 있다.

배려윤리의 제3수준은 상호의존 단계로 선함에 대한 관심보다 진실에 대한 관심이 더 커지면서(Gilligan, 1982: 82) 타인과 자신의 관계에 대한 새로운 이해를 통해 이기심과 책임 간의 대립이 해소되는 단계다. 이 단계 여성은 임신중절 결정에서 자신의 독립적인 권리를 주장할 줄도 알게 된다. 여성은 더 이상 자신을 무력하거나 복종적인 존재로 여기지 않는다. 배려하고 관심을 기울여야 하는 영역에 자신을 포함시킨다. 길리건에 의하면, 이 단계 여성은 이제 자기 자신도 배려의 대상이 되어야 한다는 것을 깨닫게 됨과 동시에, 자신에게 가해지는 부당한 착취와 가해를 막아야 한다고 생각하게 되면서 또 다른 '새로운 개념의 선함'(Gilligan, 1982: 85)을 추구하게 된다는 것이다.

4. 배려윤리와 악의 문제

도덕적 문제에의 남성적 접근과 여성적 접근의 차이를 강조하면서 남성적 잣대로 여성의 도덕성 발달을 평가하려 한 기존의 도덕성 발달이론에 반기를 든 것이 길리건이었다면, 그러한 여성적 접근이 특징으로 하는 배려윤리의 기원과 그에 기초한 도덕적 선악에 대한 구체적 해명을 제공한 것은 나딩스였다.

나딩스는 '규칙'을 강조한 칸트나 콜버그와 대조적으로 도덕을 배려 상황과 관련한 사람들 간의 '관계' 문제로 보고 접근한다. 나딩스에 의하면 인간의 기본적인 모습이란 타인과 함께 관계를 맺으며 살아가는 것이다. 따라서 배려란 배려하는 사람과 배려를 받는 사람 사이의 관계적 개념으로 이해되고, 윤리의 핵심도 이 관계성에서 찾아진다. 나딩스에게서 '타인들과의 친밀한 관계'는 도덕적 삶의 시작이요, 끝(Noddings, 1992: 52)이며, 관계 속에서 규정되는 인간의 모습이 도덕의 기본 모습(Noddings, 1986: 51)이다. 나딩스가 말하는 배려란 특수적 관계 속의 배려로서 모든 사람에게 동일하게 적용되는 일반적 배려는 아니다. 진정한 배려란 특정 개인과의 실제적 만남에서만 가능하다고 본다. 예컨대, 한 어머니에게 바로 앞 자신의 아이에 대한 관계는 배려일 수 있지만, 한 박애가의 경우와 같이 멀리 아프리카 소말리아에 있는 아이에 대한 관계는 기껏해야 관심에 그친다고 한다. 또한 관계적 상황들은 각기 특수성이 있기 때문에 배려할 때마다 각각의 배려받는 사람의 관점, 욕구, 기대를 고려해야 한다(Noddings, 1986: 24-25)고 한다.

그렇다면 배려라는 관계는 어떻게 갖게 되는 것일까? 배려하는 마음은 어떻게 해서 생겨나는 것일까? 나딩스에 의하면, 배려는 판단이 아닌 느낌에 기원한다. 즉, 배려는 감정에 기초한 '자연적 배려(natural caring)'에서 시작해서, 추후에야 의무감이 깃든 '윤리적 배려(ethical caring)'로 진행한다. 자연적 배려는 내가 하고 싶어서 하는 것이며, 싫어도 노력하는 것이 윤리적 배려다. 여기서 나딩스는 서양 윤리학의 거두 칸트의 윤리설에 정면 도전한다. 도덕을 의무로 간주하는 칸트에 거슬러 나딩스는 윤리적 배려(의무)가 자연적 배려(본능)에 종속하는 것으로 이해한다. 그런 의미에서 나딩스는 도덕성의 연원을 정서라고 본 흄(David Hume)의 전통을 따른다. 이러한 '본능적 배려(혹은 자연적 배려)' 시 느끼는 '해야 해(I must)'라는 충동은 '하고 싶다(I want)'는 욕구의 다른 표현이며 우리로 하여금 도덕적으로 행동하게 하는 원천으로 간주된다. 한밤중 아이 울음소리를 들은 엄마가 느끼게 되는 무엇인가 '해야 해'라는 감정이 그 대표적 예시다. 그 후 생겨나는 도덕적 정조란 바로 이전에 경험한 이러한 정조들을 기억할 때 생겨나는 것으로, 이전에 배려하고 배려를 받은 최상의 순간들을 기억함으로써 우리는 어려움에 처해 있는 다른 이웃을 보게 되면 기꺼이 돕게 된다고 한다. 결국 배려의 기원은 어린 시절 어머니나 주변의 돌봐 주는 사람들과의 관계에서 '배려받고 배려한 경험'이 된다.

이렇게 해서 생겨난 자연적인 '해야 해'라는 감정이 어떤 이유에서든 실패하거나 그 느낌이 약해질 때 '윤리적 이상(ethical ideal)'이 작동하게 된다(Noddings, 1986: 49)고 한다. 이것은 배려하는 사람이 가지는 자신에 대한 최고의 자아상으로서, 서로 관계를 맺고 살아가는 구체적 삶 속에서 계속 형성되어 가며 그렇기 때문에 자칫 허물어질 수도 있는 매우 취약한 것(Noddings, 1986: 50)이기도 하다. 이 최고의 자아상의 형성은 내가 배려했거나 배려받은 기억 혹은 더 나은 훌륭한 사람에 대한 나의 지식에 영향을 받는다고 한다. 이와 같이 나딩스가 말하는 윤리적 배려에는 의무감이란 속성이 전혀 없는 것은 아니지만, 그 의무감이란 것이 칸트에게서처럼 어떤 자기입법의 준칙이나 규칙에 의하는 것이 아니라 개인 인격의 이상, 즉 윤리적 이상에 의존하는 것으로 해명되는 것이 특이하다. 그래서 나딩스에게 나쁜 행동이란 바로 이 '윤리적 이상의 저하'와 관련된다. 나쁜 행동은 개인인 자신의 내부적 배려 요청을 거부하든가 혹은 외부적 강요 때문에 배려하는 것을 거부하게 될 때 생겨난다는 것이다. 결과적으로 자신에 대한 최상의 인간 이미지가 더 낮은 차원의 방향으로 변하게 되는 모습을 말한다.

나딩스는 이런 방식으로 우리 모두는 다른 사람의 도덕적 추구를 도울 수도 있고 방해할 수도 있다고 본다. 그러니까 조롱, 경멸, 빈정거림, 곡해와 같은 것들도 직접은 아닐지 모르지만 상대의 윤리적 이상을 저해하며, 전쟁 또한 인간의 윤리적 이상을 저하시킨다(Noddings, 1986: 116-117)고 본다. 죄, 죄책감, 불결, 잘못과 같은 악에 대한 추상적 아이디어를 "해를 주거나 해하려 위협하는 것"(Noddings, 1989: 91)과 같은 악의 구체적 경험으로 대체하려고 하면서, 나딩스는 악의 제거란 곧 우리가 유아기 때부터 경험하는 고통, 분리, 무력감을 감소시키는 것이라 하였다. 특히 레싱(Doris Lessing)의 『어느 착한 이웃의 일기』를 예로 들어, 늙고 병들어서 처참해하는 할머니 모디에 대해 단순히 환자의 한 '사례'로만 생각하는 남성인 의사와는 달리 소설가 제인을 비롯한 여러 간호사, 간호조무사와 같은 여성들은 이 할머니의 '고통을 들어드리고, 외로움을 달래 주며, 가능한 한 자율을 지켜주려' 하는 것을 강조하며, 나딩스는 악이란 이런 도움을 "고의나 부주의로 못하게 되는 것"(Noddings, 1989: 96)이라 하였다.

결국 나딩스에게 악이란 추상적 현상이 아니라 다음 다섯 가지 형태 중 하나 이상을 포함하는 구체적인 현실이다.

1. 고통을 가함(그렇게 함으로써 피해자가 미래의 더 큰 고통을 면하게 될 것이라는 사실이 입증되지 않는 한)
2. 분리의 고통을 유발함
3. 관계를 소홀히 함으로써 분리의 고통이 초래되거나 분리된 사람들이 그럼으로써 비인간화되게 함
4. 고의적으로 혹은 부주의로 무기력을 야기함
5. 무기력에 대한 두려움이나 그것의 실제 유지를 돕는 정교한 신비화 체계를 만듦(Noddings, 1989: 221-222)

이와 같이 나딩스는 그 어떤 상위의 선도 서로에게 고통을 야기하고 분리하고 무기력하게 만드는 것을 정당화할 수 없다고 본다. 윤리란 그래서 고통과 분리와 무력함을 극복하는 것에 관한 것으로 이해한다.

5. 배려윤리이론에 대한 비판

정의윤리에 대한 대안으로 길리건과 나딩스가 제시한 배려윤리는

기존의 남성중심적 윤리관을 보완 또는 대체할 가능성을 보여 주면서 많은 독자의 주목을 받았다. 하지만 이들의 여성적 배려윤리 주장에 대한 반응이 한결같이 호의적인 것만은 아니었다. 이들의 주장은 여러 진영으로부터 적잖은 비판과 공격을 받았다. 화살의 방향은 크게 성차 연구의 방법과 내용에 대한 것, 도덕성의 성별 구분 자체 그리고 두 도덕적 정향의 상호관련성의 성격에 대한 것이었다. 그 비판들을 통(Rosemarie Tong)은 다음과 같이 정리하였다(Tong, 2009: 173-181).

우선 길리건의 배려윤리에 대한 비판을 보자.

첫째, 방법론에 대한 것이다. 길리건의 남성과 여성의 상이한 도덕적 목소리에 대한 주장은 일반화하기에는 그 경험적 증거들이 너무 엷다(Hekman, 1995: 1)는 비판이 있다. 연구에 포함된 대부분의 여성이 남편, 남친, 애인, 아버지들에 대해 언급했음에도 길리건은 임신중절에 대한 남성들의 견해는 끝내 물어보지 않았다는 지적이다. 그들과의 면접이 포함되었다면 아마 길리건은 남성과 여성에 대한 좀 더 믿을 만한 연구를 할 수 있었을 것이고, 그리하여 두 목소리의 상이점보다는 유사점을 찾게 되지 않았을까 하는 비판이다. 방법론에 대한 또 다른 비판(Stack, 1986: 322-323)은 여성의 다양한 변인 중 유독 성별에만 관심을 두었지 인종과 계급과 같은 그 밖의 특성들이 도덕성에 미치는 영향을 고려하지 못했다고 지적한다. 특히 빈곤 흑인층의 경우 남녀 모두에게서 정의적 추론보다는 배려적 추론을 하는 것이 우세하다는 비판이다.

둘째, 여성주의적 전략에 대한 것이다. 설사 여성들이 남성들보다 배려를 잘한다 치더라도 여성과 배려를 바로 짝짓는 것이 인식론적, 도덕적, 정치적 측면에서 과연 현명한 대응일까 하는 비판(Tong,

2009: 174)이다. 여성과 배려의 연결은 자칫 여성은 천성적으로 배려하는 존재니까 항상 배려해야 하며, 어떠한 희생 속에서도 배려해야 한다는 생각으로 연결되기 쉽기 때문이다. 예컨대, 여객기 여승무원들이 자주 하는 '감정노동'은 쉽게 "자기소외를 초래하고, 자기감정 확인 불가능, 심지어 약물남용이나 알콜중독을 유발"(Bartky, 1990: 105)한다는 것이다. 더구나 여성의 무조건적 배려는 가부장적 사회의 여성억압을 지속할뿐더러 자칫 "모든 위대한 남성 뒤에 여성이 있듯이 …… 모든 흉악한 남성 뒤에도 여성이 있어서 …… 그림자 속의 모호한 여성 실루엣이 되어 남성들의 [더럽게] 피 묻은 손을 부드럽게 닦는"(Bartky, 1990: 113) 존재가 되게 한다는 비판이다.

셋째, 배려윤리의 기능에 관한 것이다. 그 기능이 과대평가되고 있다는 비판이다. 배려란 길리건에서처럼 대인 문제에 대한 일반적 정향과 도덕적 발달의 한 방식으로도 이해될 수 있지만 또한 "가부장적 사회화와 사회적 관습 및 여러 문화에서의 역할들에서 현저하게 나타나는 하나의 성차별적 서비스 정향"(Puka, 1990: 60)으로도 이해될 수 있기 때문에, 후자의 방식에서 보면 길리건이 제시하는 제3수준의 도덕성 발달 과정은 자신들의 이익에 반하는 가부장적 세계 속에서 사용하는 방어기제들로 보일 뿐이라는 것이다. 제1수준은 거부나 지배를 피하기 위한 자기보호 기제이며, 제2수준은 이타주의의 허울 아래 있는 '전통적인 노예적 방식'과 같은 적응 기제이고, 제3수준도 앞의 두 기제를 좀 더 정교하게 맥락에 맞추어 적응하는 '인지적' 해방술일 뿐(Puka, 1990: 60, 62)이라 폄하한다.

넷째, 정의윤리에 대한 태도에 관한 것이다. 길리건이 배려윤리의 가치를 과대평가하고 있을 뿐만 아니라, 정의윤리의 가치를 과소평가하고 있다는 것이다. 이런 시각에서 보면 길리건의 배려윤리는 연고주의, 정실주의, 부정의를 조장할 수 있기 때문에 배려중심적 여성들은 "공적 임무를 양심적으로 수행하리라는 믿음이 가지 않아서 모든 공적 책임에서 배제되어야 할 것"(Brian, 1995: 256)으로 언명된다. 이런 비판보다 좀 더 약한 입장(Sher, 1987; Friedman, 1987)에서는 배려윤리와 정의윤리를 도덕성을 생각하는 서로 다른 시각으로 보기보다는 서로 보완적인 방식으로 볼 것을 권고한다. 하지만 길리건의 주장에서는 두 도덕적 정향의 관련성도 분명치 않을뿐더러 여러 가지 비판을 대하면서 그녀의 두 정향의 관련성에 대한 설명도 달라져 그에 대한 분명한 해명을 더욱 불확실하게 하고 있다.

나딩스는 길리건보다 더 심한 비판을 받았다. 대부분 비판은 길리건을 향한 것과 같은 것이었지만, 어떤 비판들은 나딩스를 직접 겨냥한 것이었다. 나딩스를 겨냥한 비판은 이렇다.

첫째, 배려 관계에서의 일방적 방향에 관한 것이다. 한 사람이 다른 사람에게 일방적으로 의지하는 불평등한 관계를 옹호하고 있다(Hoagland, 1991: 251)는 것이다. 배려하는 사람은 계속 배려하고 배려받는 사람은 계속 배려받게 되어 있다는 비판이다. 사실, 나딩스는 배려받는 사람은 그냥 자기 자신으로 있어 주는 것 외에 배려하는 사람에게 그 어떤 의무도 없다(Noddings, 1982: 73)는 사실을 분명히 하였는데, 이렇게 되면 이와 같은 일방적 형태의 배려는 배려받는 사람에게는 자신이 짐이 될 수도 있다는 사실, 배려하는 사람에게는 자신의 욕구를 추구할 권리에 대한 고려도 빼앗는 것이 된다. 어떤 의미에서 '배려 없는 배려'가 되는 셈이다.

둘째, 나딩스의 도덕적 이상에 대한 것이다. 나딩스의 경우 관계의 파괴는 그 관계가 폭력적인 경우에도 '도덕적 퇴보'로 간주된다는 점을 비판한다. 자신과 자녀들을 상습적으로 폭행하던 남편을 죽인 여인에 대해서 '도덕적 이상'의 퇴보라고 걱정한 진술(Noddings, 1982: 102)은 그녀가 말하는 인간의 연약함을 인정하려는 겸허함에도 불구하고 비판자들에게는 이해되지 않는 부분이 된다. 나딩스로서는 물론 살인 외의 선택안이 있음을 염두에 둔 소견이었겠지만, 상습적으로 폭행을 당한 여인에게 다른 대안이 있다 한들 그것은 곧 관계의 파괴 외엔 별 도리가 없지 않았을까?

6. 배려윤리의 적용

배려윤리 혹은 돌봄윤리가 기존의 정의윤리와 어떻게 다른가는 구체적인 사례를 보면 분명해진다. 돌봄이 가장 전형적인 모습으로 이루어지는 간호의 한 경우를 대표적 사례로 해서 배려윤리가 어떻게 적용될 수 있는지 살펴보기로 한다.

59세인 존즈 씨는 급성 복부통증과 커피찌꺼기 같은 이물질을 토하는 증상으로 병원에 입원한 환자다. 그는 알코올 중독 및 관리되지 않은 당뇨라는 긴 병력이 있고, 왼쪽 무릎 아래를 잘라낸 상태다. 게다가 넉 달 전 40년을 함께 했던 아내마저 세상을 떠났다. 존즈 씨는 이 일이 스스로를 돌보지 않고 다시 과음하게 된 이유라 하고 있다. 이전 간호사에 의하면 그는 같은 조건의 다른 환자들보다 자주 진통제를 투여해 줄 것을 요구하고 있다 한다. 이전에 여러 차례 존즈 씨를 간호한 적이 있는 경우라면 그가 때로 더 높은 단계의 무통처치를 요구하여 담당의사와 상의해 지시서를 변경, 그의 고통에 반응할 수 있게 한 걸 기억할 것이다. 물론 의사는 모르핀 투여량의 증가를 망설이겠지만 환자에게 일어날 수 있는 해를 방지하기 위해 간호사는 의사와 다른 입장에서 존즈 씨를 옹호할 수 있다. 결과적으로 모르핀 투여량은 증가하였다(Lachman, 2012: 11).

일반적인 경우라면 그리고 정의윤리에 입각한다면 간호사가 택할 길은 의사의 의견에 따른 통상적 진통제 투여량만 주사하면 그만이다. 간호사는 간호수칙, 의사는 의사윤리강령에 따라 다른 환자들과 특별히 차별하지 않고 대하면 그만이다. 아는 환자라 해서 특별히 차별대우하지 말아야 한다. 그리고 조건이 같은 환자는 같은 방식으로 대해야 한다. 하지만 배려윤리에 입각하게 되면 다르다. 정의윤리에 입각한다고 해서 환자의 특별한 조건과 상태를 살피지 말아야 한다는 제한은 없지만, 정의윤리는 가능하면 모든 환자는 동등하게 대해야 한다. 그리고 진단과 처치는 객관적 태도와 방식으로 이루어져야 한다는 준칙 하에 있을 것을 요구한다. 배려윤리는 환자와의 관계 그리고 환자를 아는 만큼의 관심과 애정을 허용하며, 어떤 의미에서는 그러한 관심과 애정을 강조한다. 위 예의 간호사의 경우에는 환자의 고통의 의미, 즉 그 배경에 대한 깊은 관심에서 의사의 무덤덤한 일반적 조치, 즉 통상적 진통제 투여량에 반한 제안을 하게 된다. '이 환자의 경우는 특별하다'는 인식이 관여하고 있다. 그리고 이러한 인식에 기반을 두어 의사를 접촉하여 새 지시서를 내릴 것을 요청할 정도의

'애정'이 관여된다. 배려윤리는 불편부당(impartiality)이 아닌 측은지심(compassion)을 더 중시하기 때문이다.

트론토(Tronto, 1993: 165)가 제시한 배려의 네 가지 측면에서 보면, (1) 병원에 오게 된 여러 환자들 중 한 사람이 아니라 나에게 맡겨진 '내 환자'란 관계의 형성은 이 환자의 여러 가지에 대해 마음을 쓰는 것 즉 '관심 기울이기(caring about)'이다. 위 사례의 경우 투여량을 늘여달라는 환자의 필요를 인식하게 한다. (2) 이러한 인식은 다시 간호사로 하여금 환자가 겪고 있는 고통의 정도에 반응할 '책임 떠맡기(taking care of)'에 눈을 뜨게 해 준다. 환자의 요구가 있긴 하지만 '뭐 의사가 지시하는 대로 하지' 하는 마음이 드는 순간 간호사는 진정한 돌봄에서 거리가 멀어진다. 그렇지 않고 '아, 많이 아프겠다. 어떤 방도를 취해보자'라는 마음이 진정한 돌봄자가 되게 한다. 그리고 (3) 간호사는 즉각 의사에게 찾아가 진통처방전의 변경을 요구하고 결과적으로 투여량을 늘림으로써 환자에 대한 '돌봄 행하기(caregiving)'를 하게 된다. 의사의 의견이 완고한 경우 의사와 충돌을 피할 수 없다는 것이 배려윤리가 요구하는 바다. 배려윤리의 적용은 여기에서 끝나지 않는다. (4) 간호사는 환자에 대한 자신의 관여가 성공했는지 여부를 '배려 응답하기(care receiving)'를 통해 평가하게 된다. 이 부분은 돌봄이 참된 돌봄이 되었는지를 판단할 수 있게 하는 핵심 측면인 동시에 환자와 간호사와의 관계가 지속되게 하는 관건이 되기 때문에 매우 중요한 부분이다. 간혹 돌봄과 배려가 '배려 없는 돌봄'이 되는 이유가 이 측면이 소홀했기 때문이다. 환자의 필요에 반응하지 않고 의사와 간호사의 의학적 소견대로만 환자를 대하게 될 때, 스스로는 배려하여 돌보고 있다고 생각할지 모르지만 환자 입장에서 보면 '배려 없는 배려'가 된다.

위의 네 가지 측면은 굳이 시간적 계열을 따르는 것이 아니며 때로는 중첩되어 일어나기도 한다. 그리고 각 측면에는 관심(attentiveness), 책임(responsibility), 실력(competence) 및 대상응답(responsiveness of the care receiver)이라는 배려의 요소들(Tronto, 1993: 127)이 대응하고 있다. 이들은 배려윤리가 적용될 때 요구되는 배려자 및 배려대상의 특성으로서 하나라도 결핍되면 진정한 배려가 이루어지기 힘들다. 첫째, 관심은 환자의 필요를 확인하는 것을 요구한다. 간호사가 환자의 필요나 요구를 인식하지 못하게 되면 환자나 환자의 가족은 배려를 경험하지 못하게 된다. 어떤 의미에서 네 번째 요소인 배려대상의 반응도 이 배려자의 관심에 밀접히 연결되어 있다고 할 수 있다. 배려대상의 진정한 요구나 필요의 인식에 기반을 둔 배려행위가 아닐 때 배려대상은 무반응이거나 거부 반응을 보이게 될 것이고 결과적으로 관계를 지속하기가 어려워지기 때문이다. 둘째, 간호사는 환자에 대한 책임을 기꺼이 맡아야 한다. 이것은 단순히 간호사 윤리강령이나 간호수칙에 따라 자신이 맡은 책임을 수행하는 의미를 뛰어넘어 환자의 진정한 필요에 관여하겠다는 적극적인 수임 자세를 의미한다. '나의 일'에 대한 헌신을 말한다. 어떤 의미에서는 주인의식이라고 볼 수 있다. 셋째, 진정한 배려가 가능하려면 간호사는 필요한 능력을 소지해야 한다. 위의 예에서 본다면, 환자의 요구에 빠르게 반응할 수 있기 위해서는 간호사가 통증관리교육을 받고 효과적인 증거기반 통증관리절차에 익숙해 있어야 한다. 그리고 끊임없이 통증관리에 대한 능력을 향상시키려 노력해야 한다. 그런 능력이 결여된 채 간호를 한다고 하면, 의료적으로도 윤리적으로도 비난을 면치 못하게 된다.

환자의 요구에 최선으로 반응하지 못하기 때문이다. 넷째, 환자와 환자의 가족은 간호사의 배려에 대해 진실된 반응을 보이고, 또 간호사는 그들의 요구가 충족되었는지 확인해야 한다. 이것이 배려의 대상 응답이란 요소로, 배려가 배려자의 자기만족적 배려가 아니라 진정 배려대상의 필요와 요구를 위한 것인지를 확인하기 위한 부분이다.

배려윤리의 적용은 이와 같이 주어진 행동강령의 준수가 아니라 관계 속에 있는 배려대상에 대한 진정한 관심과 애정, 주인의식적 책임감, 실력에 기반을 둔 서비스 제공, 대상의 반응에 기반을 둔 결과의 확인을 요구한다. 정의윤리의 적용에서도 마찬가지지만, 우리는 완벽한 존재가 아니다. 때문에 완전한 배려자가 되기 힘들다. 하지만 최선을 다하는 배려자가 되기 위해서는 이러한 배려의 요소가 요구하는 특성을 강화시키기 위해 노력해야 한다.

삶과 배려: 배려의 의미와 실천 | **5장**

배려 관련 이슈

1. 배려에 관한 철학적 이슈
2. 배려에 관한 사회심리학적 이슈
3. 배려에 관한 환경학적 이슈
4. 배려에 관한 문화적 이슈

우리는 다른 사람에 대하여 배려하고 배려를 받을 뿐만 아니라, 삶과 관계되는 정신적, 물질적 그 모든 것—자신이 소유하고 있는 물건, 맡아 진행하고 있는 일들을 비롯하여 우리가 살고 있는 환경과 자연 그리고 세계와 우주—에 대해서 배려한다. 그러므로 배려에 대해서 철학, 사회학, 심리학, 교육학, 의학, 간호학, 경영학, 환경학 등 여러 분야에서 관심을 기울이고 여러 가지 이슈를 제기하고 논의하여 왔다. 그리고 앞으로도 많은 이슈가 논의될 것으로 예상된다. 여기서는 우선 배려 관련 철학적 문제로서 배려윤리와 정의윤리의 관계 설정의 문제를 검토하고, 사회학과 심리학의 경우는 배려 관련 이슈들이 서로 중첩되는 부분이 많기 때문에 하나로 묶어서 사회심리학적 관점하에 다루기로 하며, 그 밖의 이슈들은 배려에 관한 문화적, 환경학적 차원으로 나누어서 논의하여 보고자 한다. 교육학의 경우는 배려라는 제목이 달리지 않았을 뿐 곳곳에서 배려 관련 문제들이 다루어지고 있어서 배려에 관한 일반적인 원리를 활용하는 기술적인 문제들을 다루고 있는 의학 및 간호학, 경영학에서의 이슈와 마찬가지로 논의의 대상에서 제외하기로 하였다.

1. 배려에 관한 철학적 이슈

배려에 관한 철학적 논쟁은 주로 도덕이론적인 것으로 오랫동안 주도적인 위치를 차지하고 있던 정의윤리 대신 길리건(Gilligan, 1977)이 배려윤리를 주장하면서 시작되었다. 콜버그로 대표되는 정의윤리는 공평성(fairness)과 보편성(universality)을 도덕성의 본질적 요소로 규정하면서 정의윤리가 배려윤리보다 우선한다는 입장인 데 비해, 길리건으로 대표되는 배려윤리는 여성적 특성과 경험을 반영한 배려윤리가 정의윤리와 대등한 가치를 지닌 독립적 윤리라는 입장을 취하고 있다. 두 윤리의 관계에 대한 논의는 크게 세 가지로 요약할 수 있는데 두 윤리 중 어느 하나의 우선성을 주장하는 입장, 두 입장의 독립적 대등 관계를 주장하는 입장, 두 윤리의 상호의존성과 상보성을 주장하는 입장(박병춘, 2013)이 그것이다.

1) 정의윤리 또는 배려윤리의 우선성

정의윤리와 배려윤리 중 어느 한쪽의 우선성을 주장하는 사람들은 도덕적 문제에 대해 정의 또는 배려 어느 하나의 가치에 우선성을 두고 접근한다. 둘 중 어느 하나는 더 우월한 다른 윤리에 종속된다고 생각하기 때문이다. 정의윤리가 우선된다고 주장하는 콜버그 등(Kohlberg, Levine, & Hewer, 1983)과 배려윤리가 우선된다고 주장하는 헬드(Held, 2006)가 그 대표적인 경우다.

콜버그는 정의윤리와 배려윤리가 둘 다 도덕적으로 중요하고 가치가 있다고 인정하면서도 배려윤리의 도덕적 관점은 부정한다. 대부분의 도덕적 상황이 정의로 통합되는 응답을 요구한다고 생각하기 때문이다. 그는 정의윤리가 배려윤리의 내용들을 포괄하기 때문에 별도의 배려윤리 없이도 모든 도덕적 문제에 접근할 수 있다고 주장한다(Kohlberg, Levine, & Hewer, 1983: 91). 특히 정의윤리는 공적인 영역에서 우선성을 갖는 반면, 배려윤리는 단지 가족이나 친구 같은 특별한 관계 속에서만 적절성을 갖기 때문에 더 우선성을 갖는다고 주장한다(Kohlberg, Levine, & Hewer, 1983: 98-99). 이러한 그의 생각은 전통적으로 남성들이 지배한 공적영역이 여성들의 영역으로 간주된 사적영역보다 중요하다고 생각해 온 남성중심적 편견의 반영이라 비판받기도 한다.

이에 반해 헬드는 정의가 중요한 가치이긴 하지만 배려윤리 체계 안에서 보면 배려보다 협소한 가치라고 주장하면서 배려윤리의 우선성을 강변한다(Held, 2006: 133-137). 그녀는 배려와 정의의 상호의존성을 어느 정도는 인정하고 정의와 배려가 함께 어우러지는 사회를 그리면서도 역시 그 토대는 배려라고 강조한다. 그녀에 의하면, 배려가 없다면 존경할 사람도, 가족도, 권리와 같은 공적체계도 존재할 수 없기 때문이다. 그녀의 입장은 다음과 같이 표현되고 있다.

> 많은 삶은 정의가 없어도 유지될 수 있었다. 예컨대, 가정 안에서 정의는 거의 존재하지 않았지만 많은 배려가 있는 경우는 있었다. 그러므로 정의가 없어도 배려를 가질 수 있다(Held, 1983: 76).

하지만 배려를 부수적인 것으로 간주하면서 정의윤리의 우선성을 주장하는 입장과 정의보다 배려가 더 근본적이라고 주장하는 헬드와 같은 입장 그 어느 것도 두 윤리의 관계를 만족스럽게 설명해 주지 못하고 있다. 이는 인간이 상호의존적이면서도 동시에 독립적 존재라는 사실 때문이다.

2) 정의윤리와 배려윤리의 상호독립성

정의윤리와 배려윤리는 서로 구별되는 상이한 도덕이론으로서 어느 한 도덕이론으로 쉽게 통합될 수 없다는 입장의 대표자는 길리건이다. 두 도덕이론의 독립적 양립가능성을 믿는 길리건의 입장을 더 발전시킨 사람은 러딕(Ruddick, 1995)이다. 그녀는 정의윤리와 배려윤리가 성과 서로 밀접한 관련성이 있다는 길리건의 입장을 수용하면서 배려윤리가 여성적 특성을 반영한다는 점을 인정한다. 하지만 그러면서도 정의를 공적영역에, 배려를 사적영역에 한정하려는 입장에 대해서는 비판하면서 정의윤리와 배려윤리 모두 특정 영역에 국한됨 없이 두 영역 모두에 적용될 수 있다고 보았다. 그리고 가정에서의 폭력이나 성차별과 같은 부정의의 문제 해결을 위해서는 가족의 특성, 경험, 관계에 적합하도록 정의윤리를 가족 안에 도입할 필요가 있다고 보았다. 그러나 이 과정에서 그녀는 어느 한 윤리를 다른 윤리로 통합하거나 종속시키는 것에 반대하였다. 대신 각 윤리의 독립성을 유지하면서도 특정 도덕적 문제에 적절할 수 있도록 재개념화하는 방안을 제시하였다. 하지만 각각의 윤리가 공적, 사적 영역을 모두 포괄할 수 있다는 길리건과 러딕의 주장이 문제가 되는 것은 실제 생활 속에서는 정의로운 배려, 배려적인 정의와 같이 두 윤리가 상호의존적인 상황에 더 많이 직면하게 되기 때문이다. 이러한 이유로 정의윤리와 배려윤리의 상호의존성 혹은 상보성을 찾게 된다.

3) 정의윤리와 배려윤리의 상호의존성 혹은 상보성

앞에서 살펴본 정의윤리와 배려윤리의 관계에 대한 논의는 둘 중 어느 하나가 더 우선이라거나 두 윤리가 서로 대등하게 독립적이라 주장한다. 하지만 권리나 공정성을 강조하는 정의윤리와 책임과 관계를 중시하는 배려윤리 중 그 어느 것도 독립적으로 기능하기는 어렵다는 것이 일반적인 생각이다. 한 윤리의 우선성을 주장하는 입장은 자칫 그동안 지배적 윤리이던 정의윤리 안에 배려윤리를 흡수시킬 위험이 있으며, 두 윤리의 독립성을 주장하는 입장은 남성을 공적영역에 그리고 여성을 사적영역에 고정화하여 성역할 고정화의 위험을 야기할 수 있다(박병춘, 2013: 177). 이러한 문제점을 최소화하고 관련된 도덕적 문제들에 적절하게 대처하기 위해 최근의 이론가들은 두 윤리의 상호의존성과 상보성을 강조하는 경향을 보인다. 나딩스도 이러한 입장이다.

우선 클레멘트(Clement, 1996)는 두 윤리가 도덕적 추론에 대한 완결적 설명을 위해 하나로 통합되어야 한다는 당위성에서 두 윤리의 상보성을 강조하였다. 그녀는 지금까지의 두 윤리의 관계에 대한 논의들이 두 윤리의 경쟁적 측면을 강조함으로써 비생산적이었음을 비판하고, 두 윤리의 통합의 필요성을 강조하였다. 두 윤리를 경쟁적인 것이 아니라 인간의 복지를 위한 세계 창조를 위해 상호불가결한 협력자로 보아야 한다는 것이다. 정의윤리나 배려윤리 어느 하나만으로는 삶의 복잡하고 다양한 도덕적 문제들을 해결하는 데 한계가 있기 때문에 클레멘트의 주장은 큰 설득력이 있다.

나딩스(Noddings, 1999)는 실제 교육적 정책들의 구체적 집행과정들에서 정의윤리만을 적용했을 때의 불충분성을 지적하면서 두 윤리의 상보성을 강조하였다. 예컨대, 정의의 차원에서 고려된 평등을 위한 통합교육의 차원에서 흑백통합 교육을 획일적으로 강요하는 것, 전체 아동에 대한 균등한 교육 경험을 위해 표준적 교육과정과 일제시험 및 획일적 지도방법을 일방적으로 적용하는 것 등에서 나타나는 평등과 공정의 추구로서는 '배려를 위한 적절한 조건의 제공' (Noddings, 1999: 17)이 힘들어지는 것을 예로 들면서 "정의가 미처 못하는 일을 배려가 한다(care takes up where justice leaves off)."라는 상호의존 및 상보적 방식을 지지한다.

사실, 두 윤리의 상호독립성을 강조하는 입장을 살펴보는 맥락에서도 지적되었듯이 실제 생활에서는 두 윤리의 상호의존적 상황에 더 많이 직면하기 때문에 두 윤리의 상호의존성/상보성에 대한 주장이 더 힘을 얻고 있다.

2. 배려에 관한 사회심리학적 이슈

1) 배려의 상호성

타를로(Tarlow, 1996)처럼 배려를 호혜적인 관계 속에 이루어지는 지속적이고 정서적이며 도구적인 상호교환의 과정으로 규정하거나 나딩스(2003)처럼 배려를 인간의 속성이 아니라 배려하는 주체(caregiver or one caring)와 배려를 받는 대상(cared-for) 간의 관계(relation)라고 정의하는 경우, 배려는 다른 사람을 돌보고 도와주는 것만을 의미하지 않게 된다. 배려가 발생, 전개되기 위해서는 그것이 사람이든 사물이든 반드시 배려를 하는 사람과 배려를 받는 대상이 있어야 한다. 그러나 일상생활에서 물건이나 일보다 사람을 더 중하게 여기는 우리의 사고방식 때문에 배려의 대상을 사람으로만 생각하는 것이 당연시 되어 배려를 관계적 차원에서 생각하는 것이 그리 쉽지만은 않다.

나딩스처럼 배려를 '어떤 계기로 관계를 갖게 된 사람들이 서로 정서적으로 인식하는 개인들의 연결 또는 결합' 또는 '사람과 사람이 서로에 대해 무엇인가를 느끼는 일련의 만남(encounter)'으로 규정하면, 배려는 배려의 주체와 배려의 객체의 관계로 이루어지는 인간관계의 한 특수한 형태로 논의되어야 한다. 이 세상에는 홀로 존재하는 것은 아무것도 없다. 배려가 싹트자면, 무엇보다 먼저 배려의 주체와 배려의 객체의 관계가 정립되어야 하고 그 관계에서는 배려의 주체와 객체 간의 상호관계(mutual relation), 즉 상호성(reciprocality)이 핵심적인 이슈로 등장한다.

인간관계에서의 상호성이라는 측면에서 말하자면, 배려의 주체와 객체가 서로 존중하고 수용하는 태도를 바탕으로 인격적 관계가 형성, 유지되어야 하며, 이때 배려의 주체가 대상보다 우월한 입장에서 그 대상을 보살피고 돌보는 수직적 관계인 상황이 많기는 하지만 주체와 대상 간의 수평적이고 동등한 관계를 전제로 해야 한다(Noddings, 2005). 배려를 할 때에 어떻게 하면 배려의 주체와 객체 간에 상호적이고 수평적인 관계가 이루어질 수 있는가는 검토되어야 할 중요 과제임이 틀림없다. 그러나 인간관계에서 상호성이 드러나지 않을 때가 너무나 많다. 예컨대, 교통사고를 당하고 의식을 잃은 사람에게 배려를 베풀고 홀연히 그 자리를 떠나 버렸거나 혹은 등산을 하다가 심장마비로 의식을 잃고 쓰러진 등산객을 발견하고 즉시 구조대에 연락하여 병원으로 후송조치를 취한 다음 홀연히 그 자리를 떠나 버렸다면, 배려의 객체가 자신의 생명을 구해 준 배려의 주체에 대하여 무한한 감사를 느끼고 있다고 할지라도 자신을 구해 준 사람이 누구인지를 몰라서 감사한 마음을 전할 길이 없다. 그 경우, 어떻게 배려를 상호관계적이라고 할 수 있겠는가?

이러한 일련의 사실들은 배려라는 현상과 과정을 배려의 주체와 객체로 나누어 분석적으로 설명하는 것도 배려를 이해하는 데 필요하긴 하지만, 배려의 주체와 객체 간의 상호관계, 즉 상호성을 바탕으로 하여 이해하는 것이 더욱 바람직하다는 것을 시사한다. 그 상호성은 육안을 통해 직접 관찰될 수도 있고 관찰되지 않을 수도 있지만, 직접 관찰할 수 없을 때도 그것이 존재한다는 것은 분명하다. 때문에 배려는 반드시 인간관계의 상호관계라는 차원에서 논의되어야 한다. 그럼에도 그 문제들은 별로 깊이 논의되지 않고 있다.

2) 배려의 민감성과 진실성

배려를 도덕적 삶의 본질로 보면서 배려를 주고받는 데에도 지켜야 할 윤리가 있다고 주장한 나딩스(2003)에게는 민감성이 문제가 된다. 배려는 인간관계와 상호성과 함께 인간관계 및 배려의 질이라는 차원에서 인간관계에서의 진실성 또는 진정성을 논하지 않을 수 없다. 만약 인간관계에서 진정성이 결여되어 있으면, 그것은 진정한 의미의 인간관계도 아니고 진정한 의미의 배려도 아니다. 우리는 인간관계에서 자신의 이익을 충족할 목적으로 자신의 내심과는 다른 위선적인 인간관계를 인위적으로 조성할 때가 얼마나 많은가? 길리건(1998)도 배려의 유형을 '참 배려'와 '헛 배려'로 나눈 바가 있다. 그가 말한 '참 배려'는 배려의 주체의 진실성 및 순수함이 담긴 배려를 뜻한다. 겉으로 봐서는 배려의 모양새를 갖추고 있지만 진정성이 결여되어 있는 경우는 참다운 의미의 배려가 아니라고 하였다. 즉, 배려에는 진실이 내포되어야 하고, 자신의 어떤 목적을 달성할 의도나 목적이 섞이지 않고 오직 어떤 대상을 보살피겠다는 일념으로 이루어지는 만남만이 참된 의미의 배려라고 할 수 있다.

배려의 진실성이란 거짓 없이 바르고 참된 것이어야 하며 가식이 있어서는 아니 된다는 것을 요구하고, 배려의 순수성은 사사로운 욕심이나 불순한 생각 없이—다른 것이 조금도 섞이지 않고—오직 돕고 도움을 받는 인간관계를 의미한다. 그러한 배려의 진실성은 '자연적 배려'와 연관시켜 설명될 수 있다. 규칙이나 원리, 당위에 묶여 의무감에서 작동되는 '윤리적 배려'에 비해 자연적으로, 본능적으로 반응하는 자연적 배려에 배려의 진실성이 더 많이 내포되어 있다. 그리고 배려의 윤리가 관계의 윤리라는 점을 강조하면, 배려의 주체와 객체를 각각 진정한 배려의 주체, 즉 진정한 배려자(genuine one caring)와 진정한 피배려자(genuine cared-for)로 나눌 수 있다. 따라서 배려에서의 진실성이란 배려의 주체만이 갖추어야 할 요건이 아니라 배려의 객체에게도 요구되는 조건이다.

오래전 레스트(Rest, 1983)가 제안한 4구성요소 모형(Four Component Model)에 입각하여 DIT(Defining Issues Test)로 전문직 종사자들의 도덕적 민감성을 다룬 연구들이 발표되기 시작하였다(Bebeau, Rest, & Yamoor, 1988; Rest & Marvaez, 1994). 우리나라에서도 전문직 종사자(의과대학 및 간호대학 학생들로 대치)를 대상으로 그들의 도덕적 민감성 수준을 밝힌 몇몇 연구가 나왔다(김민강, 2007; 이지혜, 2005). 레스트의 4구성요소 모형은 도덕의 심리적 과정을 도덕적 민감성(moral sensitivity), 도덕적 판단력(moral judgement), 도덕적 동기(moral motivation), 도덕적 품성(moral character)으로 설명하는 모형이다. 그중에서도 도덕적 민감성과 도덕적 동기가 배려 관계를 이해하는 데 주는 의미를 검토할 필요가 있다.

지금까지 배려에서의 공감은 많이 다루어졌지만 배려 상황과 행위에 대한 민감성은 거의 연구되지 않았다. 배려를 잘 하자면 공감하는 능력이 풍부한 것만으로는 부족하다. 그 경우 사람이나 그가 처한 상황에 대해 공감을 느끼기는 하지만 상황을 재빠르게 그리고 정확하게 지각하고 즉시에 배려하지 않는다면 그 배려는 때를 놓친 멍청한 배려로 전락하여 배려의 진가를 제대로 발휘하지 못하기 때문이다. 그러므로 이미 많이 연구된 도덕적 민감성과 윤리적 민감성(ethical sensitivity)에 관한 연구들을 참고하여 배려에 대한 민감성(sensitivity for caring)을 연구할 필요가 있다.

3) 배려와 공감의 관계

심리학에서는 대인관계에서 언어, 표정, 태도 등을 통해 상대방의 입장이 되어서 그의 주관적 세계—상대방의 느낌, 기분, 생각 등—를 이해하는 것을 공감(共感, empathy)이라 하고 흔히 감정이입(感情移入)이라 일컫기도 한다. 로저스(1957)는 상대방의 내적 준거체제를 가지고 상대방이 지니고 있는 생각, 느낌의 틀을 이용하여 그 사람의 생각, 느낌, 태도, 의견, 상황 따위를 이해하는 것을 공감이라 정의하였고, 그가 공감적 태도를 표현하는 방식으로 감정반영(reflection of feelings)을 강조하면서 공감이란 마치 감정반영과 동일한 것으로 간주되어 왔다.

타인에 대한 배려는 상대방의 생각, 느낌 또는 그가 처한 상황이나 그가 추진하는 일에 대한 공감(empathy), 즉 공감적 이해(empathetic understanding)에서 출발한다. 사람들은 자기 자신과 친밀하지 않은 낯선 사람이나 별로 친밀하지 않은 사람에 대해서보다 친밀한 관계에 있는 사람 또는 그 사람이 처한 상황에 대해 더 공감하고 배려한다. 따라서 심리적 측면에서 볼 때, 배려는 공감에서 비롯되기 때문에 공감은 배려가 일어나는 데 필요한 선행조건이다. 그렇다면 공감은 어떻게 일어나고 배려가 일어나는 데는 또 그것이 어떻게 작용하느냐 하는 문제가 관심의 초점이 되지 않을 수 없다. 그동안 배려와 공감에 관한 연구는 비교적 활발하게 이루어졌고(Egan, 2010; Hoffman, 2000; Kohut, 1959; Mead, 1934; Rogers, 1957) 앞으로도 계속될 것으로 믿어진다.

『공감과 도덕의 발달: 배려와 정의에 대한 함의(Empathy and moral development: Implications for caring and justice)』를 집필한 호프만(Hoffman, 2000)도 로저스가 정의한 것과 거의 같은 의미로 공감을 정의하였다. 그는 공감을 두 가지 차원으로 나누었다. 첫째, 공감을 다른 사람의 내적 상태, 즉 타자의 사상, 감정, 지각, 의도 등에 대한 인지적인 인식으로 보는 측면, 둘째, 다른 사람에 대한 대리적인 정서적 반응으로 보는 측면으로 나누었다. 공감의 정서적 측면에 주목한 호프만은 공감을 '다른 사람의 정서 상태에 정확하게 일치할 수는 없지만, 자신보다는 다른 사람의 상황에 좀 더 적합하게 반응하는 대리적인 정서 반응'이라 정의하였다. 공감을 어떻게 정의하느냐에 따라 공감과 배려의 관계에 대한 설명이 달라지고 또한 공감은 배려가 일어나는 기본조건이기 때문에 공감을 정의하기 위한 개념적 논쟁이 지속되어 왔다. 그러나 이 분야의 학자들이 대체로 인정, 수용할 만큼 공감에 관한 일치된 정의는 도출되지 않았다. 정서적 차원에서 볼 것인가 인지적 차원에서 볼 것인가 혹은 개인 내적 차원에서 접근할 것인가 관계적 차원에서 접근할 것인가, 결과의 측면에서 정의할 것인가 과정의 측면에서 정의할 할 것인가 하는 개념적 논쟁이 계속되고 있다.

공감은 주로 정서적 차원에서 논의되고 있지만 공감을 할 때에 작동하는 인지적 차원도 결코 가볍게 다룰 수는 없다. 하지만 오늘날 대다수 학자는 공감을 인지와 정서의 통합, 즉 내적 차원과 관계적 차원 간의 통합 등 다차원적인 개념으로 보아야 한다는 데 동의하고 있다. 예를 들어, 결과의 관점에서 보면 사람들은 자신의 느낌과 다른 사람의 느낌이 일치되는 정도만큼 공감한다고 볼 수 있다. 그러나 관찰자의 감정과 대상자의 감정 사이의 관계로 규정하는 과정의 관점에서 보면, 공감은 상대방의 내면 속 심리적 과정에 참여하는 것으로 정의될 수 있다. 공감적 반응을 하기 위한 필수조건은 사람들이 자신의 상황과 일치되게 하기보다는 상대방의 상황에 더 일치되는 정서를 갖게 되는 심리적 과정과 관련되어 있다고 하였다. 지금까지 배려와 공감에 대한 연구는 많다. 그러나 더 많은 실증적인 연구가 필요한 시점이다.

4) 공감의 발생 양식과 배려

호프만(2000)은 이타적 동기의 발달에 초점을 두고 도덕적 행위의 동기로 작용하는 공감이 발생하는 다섯 가지 양식—(1) 동작모방(motor mimicry), (2) 고전적 조건화(classical conditioning), (3) 직접적 연상(direct association), (4) 매개된 연상(mediated association), (5) 역할 채택(role taking)—을 열거하였다. 동작모방과 고전적 조건화, 직접적 연상은 전언어적이고 자동적이며 낮은 수준의 인지적 처리과정을 요구한다. 반면, 매개된 연상, 역할 채택은 보다 높은 수준의 인지적 처리과정을 요구한다. 하지만 그가 제시한 다섯 가지 공감의 발생 양식은 공감이 발생하는 모드이고, 공감이 발달하는 단계는 아니다. 이러한 공감의 발생 양식은 공감과 배려가 어떤 양식으로 나타나는가를 이해하고자 할 때에 큰 도움이 된다.

공감이 배려가 발생하는 데 원초적이라는 주장과 연구결과들을 고려하면, 그가 말한 배려의 양식은 배려가 나타나는 모드 또는 양식으로 배려는 공감, 특히 부정적 상태에 대한 공감에서 출발한다. 그러므로 배려를 이해하기 위해서는 공감이 어떻게 발생하는지의 그 양식을 살펴볼 필요가 있다. 하지만 공감에 대한 정의만큼이나 공감이 일어나는 양식도 다양하게 설명되고 있다. 그것을 기준으로 배려를 가능하게 하는 친사회적, 도덕적 행위의 동기는 공감적 고통이나 공감적 분노와 같은 부정적 정서로부터 비롯된다는 점을 중시하지 않을 수 없다. 호프만의 이론이 공감적으로 각성된 부정적 정서에 초점을 맞추고 있어 배려의 마음을 작동하게 하는 부정적 정서를 이해하는 데 도움이 되므로 좀 더 상세히 살펴보고자 한다.

동작모방(motor mimicry): 유아기에 주로 나타내는 공감 발생 양식이다. 다른 사람의 고통스러운 표정을 보게 될 때 유발되는 공감적 반응을 의미한다. 다른 사람의 고통스러운 표정을 주의 깊게 관찰하다 보면 자동으로 그 사람의 표정과 몸짓을 따라 하게 되고 동시에 그것에 수반된 감정적 표현들도 모방하게 된다. 이러한 모방적 동작은 내적인 운동 감각 단서를 제공하며 다른 사람과 동일한 감정을 경험하고 이해할 수 있게 한다. 출생 직후의 유아들은 다른 사람의 표정을 모방한다. 다른 사람의 표정을 따라 같이 혀를 내밀거나, 입술을 오므리거나, 입을 벌리기도 한다. 생후 10주경의 유아들은 주된 양육자의 얼굴에 드러나는 행복과 분노 표정의 기본 특징들을 모방한다(Haviland & Lelwica, 1987; Meltzoff, 1988; Termine & Izard, 1988).

동작 모방은 비언어적 메시지를 전달하는 의사소통적 행동이며, 이러한 모방을 통해 다른 사람들과 연대감, 관계성을 형성할 수 있다. 모방적 행동은 '이 순간 나는 너와 함께 있다' 또는 '나는 너와 같다'라는 메시지를 전달하게 된다. 이러한 모방에 기초한 공감은 친사회적 동기와 행동에 해당한다. 후에 나타나기는 하지만 동작과 더불어 언어 패턴 또한 정서적 반응과 관련된다. 예를 들어, 높은 톤으로 빨리 말하는 것은 행복한 감정과 연관될 수 있다. 따라서 다른 사람의 언어적 음성을 모방하는 것은 그 사람과 동일한 감정을 경험하도록 해 준다. 다른 사람의 언어 패턴, 즉 속도, 목소리의 높낮이, 리듬, 지속 시간 등의 속성들을 모방함으로써 공감이 가능하다(Buder, 1991; Scherer, 1982). 모방을 통해 피해자의 감정과 일치되는 관찰자의 감정이 유발된다. 이러한 감정의 공유가 일어나는 기제는, 우선, 모든 인간이 공통적으로 고통을 경험하고, 둘째, 그 고통 경험이 구조적으로 유사하므로 고통과 관련된 정보도 유사하게 처리되며, 셋째, 따라서 유사한 사건들에 대해 유사한 감정으로 반응하게 된다(Ekman, Friesen, O'Sullivan, & Chan, 1987)는 사실 때문이다.

고전적 조건화(classical conditioning): 초기 언어 습득 이전의 발달 시기에 형성되는 공감 발생 양식이다. 고전적 조건화 형태의 공감 능력이 발달하기 위해서는 우선 자신과 타인을 구분할 수 있는 기본 지각 능력이 요구된다. 다른 사람에게서 나타나는 고통의 단서와 자신의 실제적 고통을 짝지음으로써 공감적 고통의 감정을 느끼게 된다. 다른 사람이 느끼는 고통의 자극은 자신에게 고통의 감정을 유발시키는 조건화 자극이 된다. 어머니가 아기를 다정하게 안고 얼굴에 미소를 짓고 있을 경우, 그 품에 안겨 있는 아기도 좋은 감정을 느끼게 되고 동시에 어머니의 미소는 그 감정과 연결된다. 이후 어머니의 미소만으로도 아기에게 좋은 감정을 유발하게 된다. 즉, 어머니의 미소는 조건화된 자극이다. 이렇게 조건화된 자극이 자극 일반화 과정을 거치면 이제 다른 사람의 미소에 대해서도 좋은 감정이 유발된다. 모방과 조건화는 일견 동일한 반응 과정처럼 여겨질 수 있지만, 그 발생 기제에는 실제적인 차이가 있다. 모방은 피해자의 감정과 일치되는 관찰자의 감정을 유발한다. 모방은 피해자의 표정이나 음성에 대한 직접적인 반응이 유일한 과정이기 때문이다. 반면, 조건화는 피해자가 처해 있는 상황에 대한 반응일 수 있다. 피해자의 상황이 유아에게 유사한 고통을 유발하는 것이다.

직접적 연상(direct association): 기억 속에 있는 고통스럽고 괴로운 경험을 연상하여 공감적 고통을 같이 느끼는 것을 의미한다. 관찰자는 자신의 과거 경험을 상기하고 그 결과 피해자가 처해 있는 상황에 어울리는 감정을 느끼게 된다. 고통스러운 상황에 처해 있는 사람을 관찰하고 그것이 자신의 과거 경험을 상기하게 할 경우, 피해자의 표정, 음성, 자세 혹은 다른 단서들은 관찰자에게 고통의 감정을 유발한다. 직접적 연상은 조건화와는 구분된다. 조건화에서는 자신의 고통이 다른 사람의 고통의 단서와 실제로 짝지어지는 경험을 요구하지 않는다. 단지 관찰자가 과거에 고통이나 불안의 감정을 느꼈기 때문에 지금 피해자의 상황에 대해서도 동일한 감정이 가능해지는 것이다. 따라서 직접적 연상은 고전적 조건화의 경우보다 적용 범위가 넓다.

매개된 연상(mediated association): 고통받고 있는 피해자가 경험한 사건에 대한 묘사나 감정에 대한 상징적 단서들을 통해 공감이 일어나는 것이다. 상징적 자극은 자신의 경험적 고통과 연관되어 공감을 불러일으킨다. 또한 매개된 연상을 통해 지금 눈앞에 현존하지 않는 사람들과도 공감이 가능하게 된다.

역할 채택(role taking): 다른 사람의 입장에서 바라보기와 다른 사람이 어떤 감정을 느끼고 있는지를 상상해 봄으로써 유사한 감정을 불러일으키는 것이다. 따라서 상당한 인지적 성숙을 요구한다. 상대방이 어떤 상황에 처해 있는지 그리고 그러한 상황에서 어떤 감정을 느끼게 되는지를 유추할 수 있어야 한다. 자기 자신이 마치 그 고통을 당하고 있는 피해자라고 상상해 볼 수 있다. 다른 사람의 심리 세계 속으로 들어가서 어느 정도 그 사람과 같은 심정이 되면, 그 사람에 대한 관념을 형성하게 되고 그 결과 그와 완전히 다르지 않다는 것을 느끼게 된다. 이러한 역할 채택 과정을 통해 과거 자신이 경험한 사건을 연상하고 다시 한 번 그때의 감정을 경험하게 된다. 역할 채택은 다른 사람이 제공하는 자극을 통해 자신의 과거 속 고통스러운 경험을 상기하게 된다는 점에서 고전적 조건화 유형과 유사할 수 있으나, 역할 채택에서는 피해자의 상황 속에 있는 자신을 상상함으로써 공감을 유발하는 자극이 인지적으로 만들어진다는 점이 다르다. 한편, 역할 채택은 다시 두 가지 유형으로 구분될 수 있다(Batson, Early, & Salvarani, 1997).

첫째는 자기 자신에게 초점을 두는 역할 채택 형태다. 다른 사람의 입장에 서 있는 자신을 스스로 상상하는 일반적인 관념의 역할 채택이다. 고통을 당하는 누군가를 관찰할 때 동일한 상황에서 자신은 어떤 감정을 느끼게 될지를 상상해 본다. 만약 그 상황에서 매우 생생하게 상상이 된다면 피해자가 경험하는 동일한 정서를 경험하게 된다. 또한 자신이 과거에 경험한 유사한 사건을 상기하거나 그 사건과 관련된 부정적인 정서가 기억된다면, 이러한 정서적 기억과의 연결을 통해 현재 피해자에 대한 공감적 반응이 한층 심화될 것이다.

둘째는 타자에 초점을 두는 것으로서 다른 사람의 감정에 직접 초점을 두는 역할 채택이다. 이것은 다른 사람의 불행에 대해 인지하게 되자마자 그 피해자에게 초점을 두고, 그가 그 상황에서 어떻게 느낄 것인지를 상상하는 것이다. 그러한 상상을 통해 피해자들의 감정을 공유하게 된다. 만약 피해자에 관한 개인적 정보를 알고 있다거나 혹은 그 상황에서 대부분의 사람이 어떻게 느낄 것인가에 대한 규범적 지식을 갖고 있는 경우라면 피해자에 대한 공감적 반응이 확대될 수 있다.

일반적으로 자기 자신에게 초점을 두는 역할 채택이 타자에게 초점을 두는 역할 채택보다 강한 공감적 반응을 불러일으킨다. 동시에 자기에게 초점을 두는 역할 채택은 한계를 지닌다. 피해자의 입장에서서 정서적으로 관련된 기억을 상기할 때, 그 기억들이 자칫 자신의 심리적 반응을 통제하고 그 순간 관심을 피해자로부터 자기 자신에게로 되돌려 버릴 수도 있기 때문이다. 즉, 관찰자는 공감적 고통을 느끼기는 하지만, 과거 자신에게 발생한 유사한 경험을 되뇌기 시작하는 순간 자신의 개인적 고통에 더 빠져들 수 있는 것이다. 공감적 고통은 남아 있지만 피해자에 대한 이미지는 심리적 배경 속으로 사라지게 된다. 관찰자는 피해자와의 공감적 연관에 의해 압도당하고, 그 후 그 공감적 연관은 역설적으로 단절되어 버린다.

3. 배려에 관한 환경학적 이슈

사람의 수가 적고 상대적으로 자연환경 조건들이 풍부할 때는 자연과 환경에 대해 거의 관심을 기울이지 않았다. 흔히 '인간이 만족하고 행복하게 잘 살 수 있다면, 세상 모든 것이 무사하게 잘 되어 간다'고 생각한다. 그러나 그것은 인간의 오만이 가져온 지극히 잘못된 생각이다. 사람이 사회를 떠나 살 수 없듯이 동식물과 다른 물질 및 자원, 즉 자연환경을 생각하지 않고는 존재할 수 없다. 인간은 자기 자신 이외의 다른 구성원은 물론 동식물들과 공생해야 하고 인간을 둘러싸고 있는 환경과도 공존해야 하기 때문이다. 개체의 성장과 발달에 영향을 미치는 요인과 조건을 환경으로 규정하면, 그것은 물질적 환경과 사회적 환경으로 양분할 수 있다. 물질적 환경은 지리적 환경 또는 생태적 환경 등과 같이 유형적인 것이고, 사회적 환경은 심리적 환경 또는 행동적 환경 등과 같이 무형적 환경이다. 우리들은 환경보호라는 말을 즐겨 사용하여 왔다. 무엇을 보호한다는 것은 배려를 전제한다. 환경보호는 환경에 대한 배려를 뜻한다. 인간의 존재와 생존은 환경과 분리하여 다루어질 수 없고 환경에 대한 배려 없이는 인간의 생존이 심각한 위협에 직면하게 된다는 것을 인식해야 한다.

20세기에 접어들어 인구팽창과 식량부족 그리고 기계문명과 산업화로 무서운 속도로 가스 배출, 대기 및 환경 오염과 자원 고갈을 초래하게 됨으로써 환경에 대한 관심이 중요 이슈로 등장하기 시작하였다. 환경에 대한 관심은 1968년 UN 총회에서 발의되었으며, 1972년 '국제환경회의'가 열리고 1977년에는 '국제환경교육회의'가 개최됨으로써 전 세계로 확산되었다. 국제환경교육회의에서의 논의를 통해 인류의 생존과 삶의 질 개선을 위해 인간과 자연의 관계에 대한 인식은 물론 환경보존과 그것을 사회정의로 인식하는 가치와 태도를 유발하였고, 그 구체적인 실천을 일깨우는 교육 활동의 필요성을 강조하게 되었다. 그러한 교육은 바로 인간과 자연 및 환경이 조화를 이루어

공존하는 실천 능력을 기르는 교육으로 이른바 생태 교육, 환경 교육인데, 지금 여기서 논의하고자 하는 환경에 대한 배려를 의미한다.

환경에 대한 배려는 개인이 각자 직접 접촉과 만남을 통해, 개별적인 체험을 통해 터득하는 것이 가장 바람직하다. 그러나 수업이란 형식을 통해 집단을 상대로 실시하는 방법도 널리 이용되고 있다. 요즘 '체험학습'이란 이름으로 다양한 내용의 학습이 이루어지고 있으나, 여전히 교과학습과 연계시키기만 하고 그 학습자원을 환경교육의 자원으로 이용하지 못하고 있는 형편이다.

환경에 대한 배려는 환경과의 관계에 대한 가치 인식에서 출발하는데, 어떤 대상에 대해 책임과 의무를 느끼는 것은 관계에 대한 인식에서 비롯되기 때문이다. 다음으로, 환경에 대한 배려는 교육적 활동을 통해 환경과의 직접적인 접촉 기회를 제공함으로써 개인이 개별 동식물에 대한 배려 관계를 형성하고 이를 토대로 배려의 대상을 확장해 나갈 수 있도록 촉진한다. 이런 활동을 통해 갖가지 환경과의 직접적인 접촉 기회가 제공되고, 스스로 환경을 배려해야 하는 의미를 발견할 수 있는 반성적 활동의 기회가 제공된다. 또한 환경을 배려하고자 하는 열망을 유발시키지 않는 환경요소에 대해서는 이들이 인간과 환경에 주는 유익함을 탐구하게 함으로써 환경의 가치를 발견하게 하고, 인지적인 학습을 통해서는 도구적 당위를 경험하게 한다. 동식물이나 환경과의 배려적 관계는 환경에 대한 민감성과 수용성의 증진을 통해 함양될 수 있다. 이때 환경감수성은 환경에 대한 감정이입적 상태를 의미하며, 생태적 안정성을 중요시하여 인간이 자연환경과 조화롭게 존재하는 것을 가능하게 한다. 이러한 환경감수성은 어린 시절 환경 안에서의 체험활동에서 성인과의 상호작용을 통해 개발되고 유지될 수 있다.

나딩스(2003)는 사람과 사람의 개별적인 만남이 어떻게 집단 전체와 비인간 세계에로까지 확장될 수 있는지를 설명한 바 있다. 또한 동식물과의 접촉 기회를 갖고 이러한 만남을 통해 환경에 대한 배려 관계를 완성함으로써 배려의 대상을 보다 확장해 나갈 수도 있다(Martin, 2007; Mortari, 2004; Noddings 2005b). 부연하자면, 인간과 환경과의 올바른 관계를 탐색, 정립하기 위해서는 무엇보다 먼저 환경을 자신과의 관계 안에서 인식할 수 있어야 하며, 환경에 대한 관계형성은 '지금-여기'에서 접촉하고 있는 개별 환경요소와의 관계가 완성되었을 때에야 비로소 환경에 대한 배려가 실현될 수 있기 때문이다. 예를 들어, 동물이나 식물에 대한 정서는 그것들에 대한 배려를 유발하고, 그것은 다시 그것들에 대한 정서를 유발해, 체험에 수반되는 반성적 사고활동은 그동안 자신과는 상관없이 존재하던 동식물을 이제 자신의 관계망 안으로 끌어들이고 배려하는 인식의 변화를 가져오게 된다. 이와 같이 환경에 대한 가치 교육은 개인의 관계망 안에 환경과 동식물을 포함시킴으로써 이들과의 배려적 관계를 형성하는 데 초점을 두고, 환경과의 직접적인 만남을 통해 배려를 실천할 기회와 자신의 배려 행위에 의미를 부여함과 동시에, 배려해야 하는 이유를 발견할 수 있는 반성적 사고의 기회도 함께 제공해야 할 것이다.

또한 당장 환경에 대한 배려를 실천하는 것도 중요하지만, 장기적인 안목에서 그것을 어떻게 이해하고 실천할 것인가를 학습하게 하는 것을 고민해야 한다. 그와 같이 환경 교육은 오늘날 우리가 당면한 절실하고 긴박한 이슈이지만 그에 관한 구체적인 연구는 별로 없고 환경보호 차원의 구호만이 난무하고 있다. 하루빨리 환경에 대한 관심과 배려에 대한 이슈들이 본격적으로 그리고 진지하게 검토되기를 기대한다.

4. 배려에 관한 문화적 이슈

배려라고 할 때 보통은 그 대상을 사람, 사물, 사건 등과 같은 가시적, 물질적 대상으로만 한정해서 생각한다. 하지만 우리는 물질적이 아닌 정신적, 추상적, 관념적인 것에 대해서도 배려한다. 여기서는 그중에서도 문화에 대한 배려에 대해 논의하여 보고자 한다. 문화가 우리의 일상생활과 관련되지 않는 것이 없고 행동을 결정짓는 표준으로서 역할을 하고 있기 때문이다. 문화란 "지식, 언어, 풍습, 신앙, 종교, 예술, 도덕, 법률, 관습 그리고 그 밖의 사회의 성원으로서 인간에 의해 획득된 모든 능력과 습관의 복합적 총체"(Tyler, 1953)을 뜻한다. 즉, 문화란 자연 상태에서 벗어나 풍요롭고, 편리하고, 아름답게 만들고자 사회구성원에 의해 습득, 공유, 전달되는 물질적, 정신적 소산을 통틀어 이르는 말이며 의식주를 비롯하여 일상생활 그 차체가 그 사회의 문화와 함께 숨 쉬고 있다.

우리나라는 해방 이후 급격한 사회적 변동의 물결과 더불어 지난날의 생활양식, 특히 유교적 전통의 생활양식을 버리고 '신식으로' 탈바꿈을 해야만 생존, 발전할 수 있다는 생각에 빠져들어 심지어는 "마누라 빼고는 모든 것을 바꾸라."라는 말이 힘을 갖기도 하였다. 우리의 의식주 양식에 바뀌지 않는 것이란 없다. 그러면서도 다른 한편으로는 '백의민족' 또는 '단일민족'이란 이름으로 민족의 고유성을 강조하는 이중적인 잣대를 적용하고들 있다. 그런데 UNESCO에서는 세계문화유산 등록을 실시하여 인류의 문화유산을 보존하고자 노력하고 있다. 그것은 나라 또는 지역마다 그들의 문화유산과 그 속에 담긴 정신에 긍지를 갖고 각자 자신의 독특한 문화를 살려 가도록 하려 하기 때문이다. 옛것을 되새김으로써 그것을 통해 새로운 지식과 도리를 발견하게 된다는 공자의 말 "온고이지신(溫故而知新)"은 낡은 것이라고 무조건 버리지 말고 전통과 전통이 쌓여 이룩한 문화를 아끼고 사랑하여 거기서 새로운 것을 구하려고 노력하라는 뜻이다. 최근 네팔과 중동 지역에서 민족 간, 종교 또는 종파 간의 갈등으로 문화유산들이 많이 파괴되고 있는데 그것은 매우 안타까운 일이다. 우리도 부단한 변화와 발전을 추구해야겠지만, 획일성을 강조하지 말고 다양성을 존중하면서 문화를 존중하는 국민이 되어야 할 것이다.

글로벌 시대의 도래로 현대사회는 다양한 문화가 서로 공존하면서 제각기 고유한 가치와 삶의 유형을 표방하고 있다. 그러나 여러 공동체 간의 다양한 삶의 문화적 차이와 가치를 인정하는 다문화주의의 잘못된 적용이 때로는 가치관의 충돌을 초래하여 윤리적 혼란과 갈등을 불러일으킬 수도 있다. 이러한 다문화사회에서 여러 공동체가 지향하는 다양한 가치와 차이를 인정하고 수용하는 배려윤리는 대립과 갈등을 넘어 대안적 타협과 절충적인 해결책의 도출을 통해 상호공존의 가능성을 높여 준다. 이러한 맥락에서의 배려는 다양한 인종, 민족, 사회적 지위, 성별, 종교, 이념 등과 같은 서로 다른 집단의 문화를 이해하고 수용할 줄 아는 능력에서 비롯된다. 집단의 고유성과 역사성을 서로 존중하는 가운데 더 많은 사람이 합의할 수 있는 윤리적 기준을 마련하는 바탕이 된다. 이러한 측면에서 배려윤리는 대화적 의사소통(dialogical communication)을 추구하게 되고, 대화적 의사소통을 통해 서로의 다름을 이해하고 수용하면서 궁극적으로는 보편, 타당한 합의점을 지향하게 한다(Benhabib, 1987; Koehn, 1998; Tronto, 1994).

길리건(1982)과 나딩스(2003)는 배려의 보편성과 관련지어 '다름(difference)'에 대한 공감을 강조하였다. 영어의 'difference'는 우리말로 '차이'로 번역되고, 그 때문에 '차별'이라는 의미로도 받아들여질 때가 있다. 그러나 그것은 단순히 다름을 의미하기도 한다. 그래서 다르다는 이유로 차별해서는 아니 되고, 공존 · 공생을 위해서 다름에 대한 나름의 공감을 가져야 한다. 자기와 비슷하거나 동일한 생각, 느낌을 가진 사람에 대해서는 공감하기 쉬우나 자기 자신과 다른 생각, 느낌을 가진 대상에 대해서는 공감하기가 어렵다. 하지만 그들에 대해서도 공감을 할 필요가 있다. 그것은 배려의 보편성과 관련된 문제이고 다문화에 대한 배려의 문제이기도 하다.

글로벌화 및 글로벌화한 산업현장은 해외에서 노동력을 수입해야 하고 국제결혼의 증가, 특히 농촌 청년들의 이주 여성과의 결혼이 급격하게 증가함으로써 우리나라에서도 문화 차이로 인한 가족 갈등과 그들의 자녀에 대한 교육의 어려움으로 다문화 가족 및 다문화 교육이 심각한 사회 및 교육 문제로 등장하게 되었다. 이들은 다양한 각도에서 검토되어야 할 복합적인 문제여서 배려의 보편성과 관련지어 깊이 있게 논의해 볼 필요가 있다. 배려는 다양한 인종, 민족, 사회적 지위, 성별, 종교, 이념 등과 같은 서로 다른 문화를 이해하고 수용할 줄 아는 능력으로서의 공감적 이해에서 출발한다는 인식이 문제 해결에 전제가 되기 때문이다. 아울러 학교나 직장에서의 '왕따' 문제도 다름에 대한 공감의 결핍과 그에 대한 교육이라는 차원에서 접근할 필요가 있다.

다문화 사회의 윤리적 가치와 관련하여 나딩스(Nodding, 2005a)는 다음의 세 가지 가치를 제시하였다. 첫째, 모든 생명의 상호연결을 지각하는 '지혜'다. 둘째, 문화와 국적, 인종, 민족 등에 기초한 차이를 거부하지 않는 '용기'다. 셋째, 가깝고 친밀한 사람에게 느끼는 정서를 공간적으로 멀리 떨어져 고통을 받는 사람들 혹은 모든 생명체들의 고통에도 공유하고 확대할 수 있는 '능력'이다. 차이를 두려워하지 않는 용기와 타자들의 고통에 공감할 수 있는 동정심은 인류애와 사회적 불의에 대한 윤리적 정서를 자극하여 사회의 모든 구성원을 포용하는 동기화를 가능하게 한다. 따라서 다양한 문화적 배경을 가진 공동체가 개인적, 집단적 노력에 헌신할 수 있는 연대성에 근거한 공감과 타자와의 관계를 강조하는 배려윤리는 다문화 공동선의 필수적인 덕목이 된다. 나딩스는 배려란 다양한 인종, 민족, 사회적 지위, 성별, 종교, 이념 등에서 연유하는 서로 다른 문화를 이해하고 수용할 줄 아는 능력에서 비롯된다고 하면서 보편적 배려는 개별적이고 직접적인 책임감을 느끼게 되는 대면(face-to-face) 관계 영역으로부터 보다 넓은 공동체에서의 공적이고 간접적인 관계 영역으로 확장되는 것이라고 본다. 이 경우 배려란 낯선 사람이나 멀리 떨어져 있어서 직접적인 특수 관계를 맺고 있지 않은 사람들에게도 관심을 두거나 마음을 쓰는 경우가 된다.

타자에 대한 관심과 관계를 강조하는 배려는 민주주의 사회에서 강조되는 사회적 상호성이나 협동적 사회성과도 관련된다. 배려적 사회관계는 정치의 장과 직장에서의 의사결정이나 심사숙고가 필요한 상황에서 투표에 의한 단순한 절차적 의사결정 과정과는 구분된다. 또한 개인이 서로에 대해 갖는 관심은 공동의 목적을 지향하거나 공동선이라 여겨지는 바를 지향하는 공동체 활동에 참여하는 것을 뜻한다. 따라서 배려는 공동체 활동에 타인이 관심을 가져줄 것을 요구함으로써 정의롭고 공감적인 사회 공동체를 형성하는 토대가 될 수 있다. 레비나스(Levinas, 1985)는 타자에 대한 책임과 윤리는 자기 자신의 존재 사실로서, 타자와 자기 자신은 근본적으로 윤리적 관계에 놓여 있고 그 관계는 비대칭적 관점에서 보다 넓은 사회적 관계를 맺으며 전체 인류에게로까지 확장될 수 있다고 본다. 이러한 관계는 모든 종류의 보편성과 공동체에 선행하는 근원적 관계로서, 가족과 친밀한 관계의 대상을 뛰어넘어 갖게 되는 더 넓은 관계망이다. 자기 자신 이외의 타자를 존중하고 책임을 강조하는 레비나스의 타자윤리는 나딩스의 배려윤리와 공통점이 있다.

배려의 교육 및 훈련

교육을 하지 않고서는 아무것도 제대로 성장, 발달되지 않는다. 습관이나 인격이 어디 저절로 형성되는가? 그것들이 평생 그리고 부단히 가꾸어야만 형성되듯이 배려도 그것을 다듬고 가꾸는 부단한 노력이 있어야 형성, 발달된다. 물론 극히 우연한 기회에 배려라는 정신이나 행위를 단편적으로 터득하게 되는 경우도 있지만 그러한 경우는 그야말로 희소할 뿐이다.

기계처럼 재빠르게 돌아가는 세상, 거기에다 급속한 핵가족화와 맞벌이 부부의 증가 추세와 맞물려 오늘날의 가정은 공동화되어 가면서 가족이 모여 서로 대화를 나눌 기회도 거의 없어졌다. 모처럼 가족이 한자리에 모일 때가 있어도 제각기 TV나 게임, 인터넷, 메신저에 매달려 대화를 나눌 기회란 거의 없어지게 되었다. 이러한 상황에서 아이들이 가정에서 배울 것이 무엇이겠는가? 가정이 습관, 관습, 인성, 예절 등을 교육할 의무를 포기한 것은 이미 오래되었고, 학교에서도 윤리, 도덕 같은 과목은 있지만 그것들마저 모두 지식 전달 위주의 학습지도에 함몰되어 있다. 교육부나 교육청은 학교에서 무슨 문제가 터질 때마다 인성 교육 또는 시민 자질 교육이란 메아리 없는 헛구호를 외치기만 한다. 그런 가운데 요즘 젊은이 중에는 사회에 진출해 자리를 잡았을 때 타인 또는 다른 사람들을 어떻게 대하고 그들과 어떻게 어울릴지도 잘 모르는 사람들이 많아졌다. 더구나 다른 사람이나 사물을 배려하는 것이 자기에게 손해라는 이기적인 생각에 사로잡혀 배려에 대한 인식이 부족하고, 그것을 배워서 실천하려는 관심이나 의욕은 더더욱 없어졌다. 그래서 일부 공공기관이나 직장에서는 배려를 교육 또는 훈련하는 프로그램을 개발, 실시하고 있는 형편이다. 물론, 그러한 교육 또는 훈련의 효과에 대해 회의적인 이론가들도 있다. 그러나 그 어떤 경우에도 배려하는 정신과 행동을 가르치기 위한 노력을 가볍게 여기거나 중단해서는 안 된다.

교육과 훈련은 거의 동의어로 사용되고 있다. 하지만 일반적으로 학습효과의 전이를 기대하고 장기적 안목에서 가르치는 활동을 교육이라 하고, 학습효과의 전이라는 측면을 거의 기대하지 않고 어떤 특정 태도나 행동 등이 습관적 수준에 이르도록 비교적 단기간에 숙달시키는 실천적 활동을 훈련이라 한다. 여기서는 배려교육과 배려훈련으로 나누어서 논의해 보고자 한다.

1. 배려교육

배려의 정신과 행동을 기르기 위한 교육은 가정, 학교, 사회에서 이루어진다. 처음에는 가족관계를 중심으로 가족 구성원 사이의 질서를 유지하고 가족의 안녕을 지킬 목적으로 가정에서 시작되고, 그 다음에는 점차 학교와 사회로 넘어가 궁극적으로 가정, 학교, 사회가 제각기 독자적인 고유의 역할을 수행하게 된다. 어느 조직에서 어떤 내용의 배려를 교육하든, 배려교육은 기본적으로 가족사회를 비롯하여 더 넓은 의미의 사회와 국가 및 세계의 질서를 유지하고 개개 구성원의 안녕과 발전을 도모할 목적으로 무엇을 어떻게 배려해야 할지를 가르치며, 그것을 계획하고 주도하는 사람이나 사회의 의도가 크게 반영된다. 그것은 흔히 원활한 인간관계의 형성과 발달 또는 인간관계에서 지켜야 할 예절 또는 에티켓 교육이란 이름으로 실시된다.

배려교육의 필요성과 그 방법에 대해서는 길리건(1977, 1982), 트론토(1993), 나딩스(2003)에 의해 연구되었으며, 우리나라에서도 1980년대 후반부터 활발하게 연구되기 시작하였다. 교육에 관한 이슈를 다루는 자리에서는 반드시 대상, 목적, 과정, 방법을 논하게 된다. 배려교육은 그것을 맡아서 하는 주체와 교육 목적, 대상이 상당히 분명하게 드러나 있으므로 교육 내용과 학습에 필요한 경험을 선정, 구성하여 그 활동을 언제 어디서 어떻게 전개할 것인가에 대해 종합적, 전체적으로 계획하고 검토하는 교육과정과, 또 그 교육 목적을 달성하기 위하여 준비된 교육 내용을 어떤 방법으로 가르칠 것인가를 결정하는 교육방법이 중요한 이슈로 등장하게 된다.

배려교육과정에서는 학습자의 요구와 상태에 민감하게 반응하기 위해 인지적 측면, 정서적 측면, 행동적 측면의 내용 중 어느 측면을 강조할 것인가를 결정해야 한다(Rossiter, 1999; Thayer-Bacon & Bacon, 1996). 이때 인지적 측면의 내용이라 함은 배려를 베풀어야 할 장면을 신속하게 지각하고 판단하는 지식적 측면의 내용을, 정서적 측면의 내용은 배려가 정서적 공감에서 출발하고 상당한 부분이 마음 및 정신과 관련되어 있으므로 그 부분과 관련되는 내용을, 행동적 측면의 내용은 배려를 실천하는 것과 관련된 측면의 내용을 뜻한다. 물론 세 측면을 모두 조화롭게 통합해서 가르치는 것이 배려교육의 이상이긴 하지만 상대적으로 어느 측면의 내용을 더 중요하게 다룰 것인가 하는 것도 현실적으로 매우 중요한 문제가 된다.

이 분야의 대부분 전문가는 또한 배려를 가르치는 방법도 중요하게 그리고 활발하게 다루었다. 예컨대, 나딩스(2003)는 배려를 교육하는 방법으로 세 가지 방법—대화(dialogue), 실천(practice) 그리고 확언(confirmation)—을 열거하였다. 배려는 기본적으로 배려받는 쪽과 배려하는 쪽의 상호관계를 토대로 하여 서로의 경험을 공유하고 숙고한 것을 나누는 것을 요구한다. 배려받는 쪽은 배려와 관련하여 자신이 관찰하고 고민하고 숙고한, 자신이 겪은 상황을 가르치는 사람에게 이야기한다. 이때 배려를 가르치는 사람은 그가 말하는 내용을 경청하고, 판단을 자제하고 인식하며, 그의 일상적인 질문을 수용하고, 민감한 감수성과 해석을 통해 그 질문에 특별한 의미와 중요성을 부여한다. 학생의 말과 행동을 최선의 관점에서 해석한다.

그리고 새로운 아이디어를 이끌어 내고 지도한다. 대화, 즉 말하고 경청하는 과정을 통해 서로 공유하고 반응하는 것은 모든 교육적 활동의 기초가 아닌가? 배려하는 마음과 정신이 있지만 그것을 행동으로 나타내지 않으면 누가 그 사람을 배려심이 있고 타인을 배려할 줄 아는 사람이라고 하겠는가? 가르침을 통해 새로 느끼고 알게 된 배려를 실천하도록 힘 써야 하는 방식의 일종인 도제(徒弟) 형태로 가르치는 것도 배려 실천을 가르치는 한 방법이다. 또한 모델을 제시하고 모델을 통해 그것을 보고 모방하게 하는 방법도 있다. 가령 꽃나무를 기르거나 애완동물을 부드럽게 만져 주고 같이 놀아 주고 애정 어린 태도로 대하는 모습을 목격하고 배운 학생은 다른 대상을 배려하는 법을 실천할 수 있게 된다. 확언(confirmation)은 반응의 빈도나 강도를 높이고자 학습자가 바람직한 반응을 한 직후에 보상을 주는 방식이다. 가르친 대로 배려가 담긴 행동을 했을 때에 그것을 강화함으로써 그 반응이 더욱 공고하고 빈번하게 출현하도록 인정, 격려하여 좋은 동기를 부여하고 격려하는 반응 방식이다.

배려를 가르치는 방법에 대해서는 곧이어 다루어질 '배려훈련' 중 '배려의 기본요소'에서 상세하게 다룰 예정이다. 배려를 교육하는 방법과 배려를 훈련하는 방법은 배려를 가르친다는 점에서는 차이가 없다. 다만, 훈련은 일반적인 의미의 교육에 비해 더 구체적이고 집중적이기 때문에, 배려를 훈련하는 방법은 이른바 배려를 교육하는 방법에 비해 더 구체적이다. 배려훈련에서 이야기되는 기본요소는 배려의 기술과 그것을 가르치는 방법을 뜻하기 때문에 그것을 참고할 것을 당부하고, 여기서는 배려의 장을 중심으로 (1) 가정에서의 배려교육, (2) 학교에서의 배려교육, (3) 사회공동체에서의 배려교육으로 나누어서 논의하기로 한다.

1) 가정에서의 배려교육

출생하는 순간 모든 신생아는 혼자서는 생존할 수 없는 무력한 상태로 태어나 부모나 대리인의 보살핌을 받고 점차 독립적인 존재로 성장한다. 이와 같이 모든 아이는 태어나는 순간부터 부모의 양육의 힘으로 생존하고 성장하기 때문에, 부모는 천부의 교사이고 가정은 하늘이 내린 배움의 터전이라고 한다. 부모가 그 자녀를 보호, 양육할 때에 쏟는 정신적, 육체적 노력은 거의 본능적이다. 아이들은 그것을 보고 느끼면서 배려를 익힌다. 그러므로 가정에서 가정교육의 일환으로 어떻게 배려하는지를 잘 배우지 못하면 그 후 학교와 사회에서 실시하는 배려교육에서 거의 아무것도 기대하기 어렵다. 가정에서 하는 배려교육은 학교와 사회에서 하는 배려교육의 기초가 되기 때문이다.

신생아와 유아는 부모의 보살핌을 통해 자신의 생리적 기본욕구를 충족하고 부모의 사랑과 보살핌을 받으면서 그것을 통해 배려가 무엇이며 어떻게 하는지를 직접 체험으로 느끼면서 배우게 된다. 이것이 곧 배려를 가르치고 배우는 첫걸음이다. 그 후 부모는 부모와 형제와는 어떻게 지내야 하는지, 즉 가족관계를 중심으로 자기 아닌 다른 가족에 대해 갖추어야 할 기본예의로서 배려를 가르친다. 가족에 대한 그러한 예의와 배려는 가까운 친척에 대한 배려로 일반화되기도 한다. 그 후 그가 받은 것과 같은 방식으로 그는 다른 사람과 주변의 사물들에 대해서 배려하게 된다. 그런 관점에서 보면, 가정에서 부모로부터 받는 배려의 내용과 방식은 배려교육의 매우 소중한 출발점이라고 할 수 있다.

가정교육은 부모가 자녀에게 일상생활에 필요한 기초적인 능력과 기술을 가르치는 것이지만 그중 상당 부분이 성품, 예절, 품위, 범절, 도덕, 행실 등에 관한 내용이고, 가족이란 이름의 공동체에서의 인간관계에 필요한 것들이며, 그 속에는 배려하는 마음과 행동이 핵심을 이루고 있다. 옛날부터 가정교육에서 강조되는 '부자유친'과 '형제우애'는 가족이 서로 아끼고 돌보는 관심과 사랑에서 시작된다. 부자유친이라 할 때 친(親)은 서로 사이좋게 아끼고 사랑하는 친근함을, 형제우애라는 말에서 우애는 친구처럼 따뜻한 정과 사랑을 의미하여 기본적으로 상대방에 대한 배려를 강조한다. 학대를 받고 자란 아이에게 배려하는 마음과 행동을 기대하기 어려운 것도 그 때문이다. 무엇보다 먼저 화목한 가정에서 부모의 따뜻한 보살핌과 양육을 받고 자라야만 성장해서도 배려하는 마음을 갖거나 배려하는 행동을 하기가 쉬워진다. 가정교육에서는 때로 엄격한 훈육도 한다. 그러나 그 속에는 자녀를 걱정하고 아끼는 사랑의 마음이 담겨 있어야 한다.

배려교육을 위해 가정에서 자녀들에게 무엇을 어떻게 가르쳐야 할 것인가? 길리건(1993)이 배려 대상에 따라 나눈 배려의 유형 다섯 가지에 가정에서 자녀에게 가르쳐야 할 배려가 어떤 것인지 명백하게 드러나 있다. 그의 주장을 따른다면, 가정에서 맨 먼저 가르쳐야 하는 배려는 '자기 자신에 대한 배려(1단계, 자기 지향적인 이기심이 발달하는 단계)'다. 아이는 생존을 위해 자신의 일차적, 생리적 요구를 충족하는 것이 최우선적이므로 그것을 굳이 가르치지 않아도 생존을 위해 본능적으로 터득하게 되며, 그것이 이기적인 것은 지극히 당연하다고 할 수 있다. 흔히 배려는 그 기본이 이타주의(alturism)이기 때문에 이기적(ego-centric, selfish)인 자신에 대한 배려는 억제해야 한다고 믿고서, 자기 자신에 대한 배려(자기 지향적인 이기)는 진정한 뜻의 배려가 아닌 것으로 생각하는 경향이 있다. 그러나 그러한 이기적인 배려를 충족하지 않고서는 생존이 불가능하므로 그것을 충족해야 한다. 자기 자신에 대한 배려를 증진하기 위해서는 자신과 다른 사람이 서로 관계를 맺고 있음을 인식하도록 할 뿐 아니라, 때로는 다른 사람과 거리를 유지하면서 자신의 존재를 성찰해 보는 기회를 가지는 것이 필요하다.

발달적인 측면에서 보면 자기 자신에 대한 이기적인 배려가 성장과 더불어 차츰 이타적인 배려로 이행하는 바탕이 되기 때문에, 자신에 대한 배려를 올바르게 터득하지 않고서는 그 이상의 높은 수준(자기와 친밀한 사람에 대한 배려, 낯선 사람에 대한 배려, 사회와 세계에 대한 배려, 동식물과 환경에 대한 배려, 추상적 개념에 대한 배려)의 배려로 진행해 나갈 수가 없다. 때문에 가정에서 자녀에게 자기 자신에 대한 배려를 가르치는 일을 가볍게 여겨서는 안 된다. 가정에서 아이가 어릴 때부터 자기 자신을 올바르게 배려하는 법을 느끼고 실천하도록 교육할 필요가 있다.

나딩스(2005b)는 자기 자신에 대한 배려의 일차적인 표적으로 '몸'을 들었다. 그의 주장을 빌리면, 출생해서 상당 기간 아이는 주변의 환경적 요소로부터 자기 자신을 엄밀하게 분리하지 못한다. 그러나 우리는 다른 주변 요소들과는 물리적으로 구분될 수 있는 '몸'이라고 하는 개별적이고 독자적인 실체를 지니고 있으며, 몸은 생존에 필요한 요구를 충족하는 중요한 채널이 될 뿐만 아니라 자기 몸에 대한 배려는 자기 자신에 대한 배려의 일차적인 표적이다. 거기에 기초해서 그것으로부터 더 높은 수준의 배려를 터득하게 된다.

일반적으로 가정교육은 학교 교육에 비해 그 내용이 일상적이고 실천적이며 비형식적이다. 그리고 가정에서 시행되는 배려교육은 그 목표와 방법이 집마다 다르다. 유교적 전통이 강하던 시대에는 집마다 도덕, 예절, 배려 등에 관한 본이 있었지만 핵가족의 등장과 개별화의 가치가 강조되는 오늘날의 가정에서는 날로 가정교육에 소홀해지고 있고, 가정에서 담당해야 할 기초 생활교육이 학교로 떠넘겨지고 있어 매우 위험스러운 상황이다. 흔히 말하는 '문제아'나 '문제성인'들이 일으키는 문제의 주된 원인으로 가정에서 부모로부터 따뜻하고 정성스러운 보살핌을 받지 못하고 자란 성장환경이 지목되고 있다. 대체로 그러한 환경에서 성장한 사람들은 다른 사람이나 사물에 대해 배려할 줄 몰라 문제를 일으키게 된다고 한다. 학교에서 아무리 품격 높은 배려교육을 한다고 할지라도, 가정에서 배려교육이 없었다면 모래 위에 누각을 세우는 것과 같은 꼴이 된다. 자녀들을 올바르게 교육하기 위해서는 부모 교육, 특히 부모를 대상으로 하는 배려교육이 꼭 필요한 시대가 되었다.

2) 학교에서의 배려교육

학교에 입학한 후에는 아이들에게 배려를 가르치는 책임의 일부가 학교에 있게 된다. 그렇다고 해서 그때부터 배려교육이 가정에서 학교로 모두 이월되는 것은 아니며, 또한 가정에서의 배려교육에 마침표를 찍는 것도 아니다. 단지 두 트랙으로 나누어 실시될 뿐이다. 이때 배려교육의 책임을 가정에서는 학교로, 학교에서는 가정으로 떠넘겨서는 안 된다. 가정과 학교에서 하는 배려교육은 내용 면에서 거의 비슷하고 중복되며 다만 그 내용의 수준이 다를 뿐이기 때문이다. 가정에서는 배려의 실천을 중요시하고, 학교에서는 배려에 관한 지식이나 이론을 다루는 방식이 된다.

학교 교육에서 배려를 가르치는 독립된 교과목은 따로 없다. 배려는 도덕 및 윤리 과목과 사회, 경제, 역사, 문화 등과 같은 인문과목에 산발적으로 내재되고 심지어 자연, 과학 계열 과목에도 포함되어 있다. 자세히 보면 배려가 배어들지 않는 과목은 하나도 없다. 다만, 그런 과목의 구석구석에 포함되어 있는 배려교육의 내용을 각각의 교과담당 교사가 찾아내어 교과수업 중에 가르치는 일은 각 교사에게 일임되어 있다. 그래서 현실에서는 대부분의 교사가 성적 위주의 입시 교육에 휘둘려 과목 구석구석에 포함되어 있는 이러한 배려교육에 전혀 눈을 돌리지 못하고 있다. 예를 들면, 체육시간에도 학생들이 자기 자신을 배려하고 돌볼 수 있도록 가르쳐야 하고, 운동을 할 때 상대팀 학생이나 같은 팀에 속한 학생을 배려하도록 가르쳐야 한다. 한 가지 예를 더 들면, 도덕시간에 교통도덕을 가르칠 때는 자기 자신의 안전만을 강조해서 신호등 확인 후 교차로 횡단하기만 가르쳐서는 안 되며, 그것이 또한 교통사고를 유발하는 원인이 될 수도 있기 때문에 다른 사람들의 안전을 배려하는 점도 반드시 다루어야 한다.

학교에서는 교과마다 흩어져 있는 배려교육 관련 내용들을 하나로 묶어 별도의 독립 프로그램을 만들어 방과후 수업 형식으로 배려의 이론과 실천, 특히 실천을 강조하는 심화교육을 졸업 시까지 매월 1, 2회 정도 주기적으로 실시하는 것도 바람직하다. 배려는 습관화되어야 하고 행동으로 실천되어야 하기 때문이다. 여기에서 (1) 교사와 학생 간의 배려, (2) 학생들 상호 간의 배려로 나누어서 배려를 논의하는 것으로 학교에서의 배려지도에 도움이 되고자 한다. 교사와 학생 간 배려 관계가 형성되어 있을 때 교사의 신뢰, 긍정적 기대, 자신의 가치감 등을 느끼게 되며 학생도 교사를 배려할 마음을 가지기 때문이다(Teven, 2001).

(1) 교사와 학생 간의 배려

흔히 교사와 학생 간의 배려라고 하면 학생에 대한 교사의 배려만을 생각하는 경향이 있다. 교사는 연장자이고 가르치는 위치에 있기 때문에 학생에게 거의 일방적이고 무조건적인 이해와 사랑을 베풀어야 한다고 믿어 왔다. 하지만 배려는 일방적인 것은 아니라 상호적인 것이다. 교사와 학생 간의 관계는 기본적으로 인간관계의 한 형태이고, 모든 인간관계는 서로 주고받는 상호적인 관계다. 학생들도 교사에 대한 고마움을 느끼고 교사를 배려할 때에 비로소 학교 교육이 제대로 이루어질 수 있다.

학교에서는 학생들에게 지식이나 기술만을 가르치는 것은 아니다. 정서의 순화와 발달을 가르치고 사회성도 길러 주는 것이 학교 교육의 중요한 목표이며, 거기에는 반드시 교사의 교육적 정열과 함께 개개 학생들을 이해하고 사랑하며 배려하는 마음이 깃들어 있어야 한다. 학교에 대한 학생과 학부모들의 불평과 불만은 대부분 학생들에 대한 교사의 배려 부족에 초점을 맞추고 있다. 그러한 시각에서 보면 모든 내용 및 형태의 교육은 배려에서 출발하고 배려 없이는 교육이 이루어지지 않는다고 할 수 있다.

학생에 대한 교사의 배려: 초등학교에서는 학급담임교사가 있고, 담임교사가 그 학급의 교과지도도 책임진다. 중학교와 고등학교에서는 학급을 관리하는 학급담임교사와 교과별로 교과목을 가르치는 교과담당교사가 있다. 그러므로 학교 교육의 과정과 성과는 기본적으로 교사와 학생 간의 인간관계라는 차원에서 그들 상호 간의 배려를 중심으로 논의되어야 하며, 또한 개개 학생과 교사의 인간관계와 함께 학급 분위기와 학교 풍토라는 차원에서도 검토되어야 할 이슈다.

선생님이 좋아서, 또는 공부도 싫고 학교 가기도 싫지만 친구가 좋아서 친구를 만나기 위해 학교에 다닌다고 하는 학생들도 적지 않다. 지금까지 재미도 없고 성적도 좋지 않던 과목을 가르치는 선생님이 좋아서 그 과목도 재미있어졌고 성적도 향상되었다는 학생들도 있다. 교사와 학생의 배려 관계는 학급관리와 교과교육에만 머물지 않고, 행정직원과 급식요원 그리고 정원사를 비롯한 학교를 구성하는 모든 직원에게 일반화된다.

우선, 수업이라는 차원에서 보면, 학급은 학교조직의 최하위 단위이고 교수-학습 활동의 단위조직이다. 수업시간에 교사의 눈을 피해 장난을 치고 수업 분위기를 흩트리고 주의를 산만하게 하는 학생들이 있다. 아무리 교사가 최상의 수업전략 기법을 써서 수업을 해도 학생들이 흥미를 갖고 주의를 집중하지 않으면 그것은 실패한 수업이다. 또한 그와 같은 교사의 노력도 중요하지만, 학생들도 노력하지 않으면 수업이 소기의 성과를 거둘 수 없다. 거기에는 여러 가지 변수가 작용하지만 배려라는 요인도 크게 작용한다.

교사는 학급이라는 집단을 단위로 수업을 할 때에도 평소 개개 학생들과 형성된 나-너의 관계를 토대로 하여, 학생들의 개인차를 인정하고 민감하게 받아들여 개개 학생에게 맞는 긍정적인 피드백을 제공함은 물론, 학생과의 동등하고 배려적인 관계를 통해 학생의 '윤리적 이상'을 고취하며 학교를 배려공동체로 만들어 갈 수 있다. 그때 학생은 자신에게로 향한 교사의 노력에 부합하는 태도와 동기를 형성하게 되며, 교사 또한 학생의 반응을 통해 심리적 보상을 느끼게 된다. 그것은 교사와 학생 간의 인간관계를 토대로 하여 출발한다. 경제적 이유로 학교체제는 주로 학급을 단위로 하여 수업을 하고 있지만, 가장 이상적인 수업은 개별화된 수업이고 분단을 구성하여 분단학습을 시도하기도 한다. 그것은 협동학습의 기회를 제공하여 협동을 통한 문제해결을 하려는 노력을 키우는 데도 목적이 있지만, 교사가 개개 학생의 개인차를 포착하고 그에 대응할 기회를 높이기 위한 방편으로 해석할 수도 있다. 거듭 말하지만, 성공적인 수업은 개개 학생들의 개인차를 최대한 살리는 교육이고 그것은 학생에 대한 교사의 배려로 가능하다.

교사에 대한 학생의 배려: 비록 옛말이지만, "스승의 그림자도 밟지 않는다."라는 말의 의미를 다시 한 번 새겨 볼 필요가 있다. '스승을 존경한다' 또는 '스승의 은혜에 감사드린다'라고 할 때, 그 말은 교사의 가르침이 도움이 되었다는 이야기이고, 도움이 되었다는 것은 곧 배려를 받았다는 뜻이다. 즉, 그 말은 교사의 가르침과 배려에 감사한다는 뜻이다. 그런데 요즘 일부 학생은 교사에게 입에 담지도 못할 정도의 심한 언설과 욕설을 퍼붓고 폭력을 휘두르는 것을 볼 수 있다. 심지어 학부형들은 학교를 찾아와 학생들이 보는 앞에서 교사에게 폭언하고 심지어 구타하는 경우도 있어 교권이 많이 침해받고 있다. 그러한 부모 밑에서 자란 학생들이 도대체 무엇을 배우겠는가?

교사를 단순히 월급을 받고 그 대가로 학생들을 가르치는 사람으로 인식하고, 마치 상품을 팔기 위해 고객에게 친절하게 대하는 판매원으로 대하는 것은 큰 잘못이다. 학생을 지식 장사의 고객쯤으로 생각하는 것은 뭔가 크게 잘못된 생각을 하는 것이다. 물론 판매원도 고객의 개성과 취향을 고려하고 그에게 어울리는 제품을 추천하면 그가 추천한 상품을 구매한 고객은 그러한 판매원의 친절과 노고에 감사하기는 한다. 그러나 교사-학생 관계는 거래 관계가 아니다. 부모-자식 관계가 거래 관계가 아님과 같다. 그래서는 교육이 되지 않기 때문이다.

(2) 학생들 상호 간의 배려

졸업장과 학교 다닐 때에 찍은 사진들은 남아 있어도 기억에 남는 친구도 기억나는 선생님도 없다고 하는 사람들이 더러 있다. 그들의 기억에 남아 있는 것은 '시험공부와 시험성적'뿐이라고 한다. 학교는 지식과 기술을 가르치고 배우는 곳이기도 하지만, 사람을 사귀고 인격을 배양하는 장이기도 하다. 학생들은 학교생활을 통해 친구들과 우정을 나누면서 협력과 경쟁을 통해 공존하는 삶을 터득한다. 이때 정(情)이란 무엇을 뜻하는가? 철학, 특히 동양철학에서 정은 인간 본성의 하나다. 그것은 인간 내면의 한 속성이면서도 인간 행위의 양태이고 나아가 인간 의식의 내용이 됨으로써 인간관계의 매듭을 엮는 기능을 한다.

특히 성적에만 눈독을 들이는 입시 위주 사회에서 학교를 교과목에 수록된 지식과 기술을 가르치는 곳이라 생각하는 사람이 많아졌다. 학교는 학생들에게 지식과 기술을 가르치기도 하지만 그들의 정의적, 사회적 발달을 위해 노력하는 것도 학교 교육의 중요한 목표다. 다만 정의적, 사회적 영역에 대한 교육은 가정 및 사회와 함께 그 책임을 분담하고 있고 학교에서는 주로 이론적 측면을, 가정과 사회에서는 그 실천을 강조하고 있을 뿐이다. 그 어떤 시대에도 학교는 지정의(知情意)가 조화를 이룬 원만한 인격자를 기르는 교육을 중심으로 하여 왔다.

부모는 자녀에게 좋은 친구가 있다는 것이 그 어떤 지식이나 기술을 습득하는 것보다 값지고 소중한 일이라고 하면서 '좋은 친구를 사귀라'고 당부한다. 교우관계의 발전을 통해 청소년은 가족과의 심리적 결속에서 벗어나 점차 독립적 존재로 성장하게 되기 때문에, 교우관계는 개개 학생의 사회적 발달과 성격 발달에 중요한 영향을 미친다. 때문에 학생들의 교우관계(peer relation)에 대해서는 학부모뿐만 아니라 교사들도 큰 관심을 가진다. '공부하기는 싫지만 친구들을 만나 이야기하며 노는 것이 즐거워 학교에 간다'는 학생들이 많지 않은가! 학교에서 친구와 서로 정을 나누고 함께 지내는 것이 바로 학생들 간의 우정이며 그리고 그 우정은 그들 상호 간의 배려를 뜻한다. 그것은 학생에게만 의미 있는 것이 아니라 교사와 학부모 모두에게도 매우 중요한 사실이다.

3) 사회공동체에서의 배려교육

학교에 다니는 동안은 아이들에게 가정, 학교, 사회공동체가 삼위일체를 이루어 배려교육을 하지만, 학교를 마치고 사회로 진출한 후에는 주로 사회를 통해 배려를 익히게 된다. 사회는 두 갈래로 나누어 그 구성원에게 배려하는 마음과 행동을 요구한다. 첫째는 사회의 질서와 안정을 기할 목적으로 관습, 전통, 법률 등을 통해 거의 강제적으로 요구하며, 다른 한편으로는 시민 교육과 직업 교육의 일환으로 배려하는 정신과 행동을 교육한다.

현재 가정과 학교에서는 배려교육에 대해 소홀한 상황이고, 그로 인해 학교를 마치고 사회에 진출했을 때 사회, 특히 직장에서 동료들과 고객들에게 무엇을 어떻게 배려해야 할지 모르는 사람들이 많아졌다. 그 결과, 1990년대에 접어들면서 직업윤리의 일환으로 공공기관에서는 민원을 처리할 때 담당직원이 갖추어야 할 배려를 그리고 기업에서는 직원이 고객과 동료 및 제품에 대하여 가져야 할 배려를 훈련하기 시작하였다.

사회를 통해 터득하는 배려는 가정에서 터득하는 배려처럼 주로 관찰과 모방을 통해 익히고 다른 사람들이 하는 것을 그대로 따라 하는 것이 아니다. 사회가 기대하는 배려의 틀이 제시되어 있는 경우에도 사회공동체가 보여 주는 것을 그대로 모방하지 않고 그중에서 자신이 판단해서 좋다고 또는 그럴듯하다고 생각하는 것만을 골라서 선택적으로 모방한다. 그리고 자신과 어울리게 다듬어서 학습한다.

왜 교통도덕은 잘 지켜지지 않는가? 왜 거리에 침을 뱉거나 휴지를 버리는 행위가 중단되지 않는가? 왜 금지되어 있는 곳에 몰래 쓰레기를 버리는 사람이 없어지지 않는가? 왜 여러 사람이 모인 식당이나 공공장소에서 다른 사람이 있다는 것을 전혀 의식하지 않고 큰 소리로 말하거나 전화 통화를 하는 사람들이 있는가? 다른 사람들이 아직 내리고 있는데도 엘리베이터 안으로 들어서는 사람은 또 왜 그렇게 할까? 한마디로 그것은 서로에 대한 배려가 부족하기 때문이다.

2. 배려훈련

1970년대부터 공공기관 또는 기업체에서 배려훈련을 실시하는 경우가 많아졌고 그에 관한 연구도 활발해졌다. 우리나라에서는 1990년대에 들어서면서 몇몇 공공기관과 기업체에서 직장별로 배려훈련을 실시하였다. 교육기관, 특히 초 · 중등학교에서 학생들의 배려를 배양할 목적으로 교과교육의 일환으로 배려훈련 프로그램을 개발, 실시한 연구도 있다(이연수, 2010). 이들 프로그램은 배려교육 프로그램이라고 하였지만 겨우 매주 1~2시간씩 4~12주에 걸쳐 실시하는 단기 훈련이었다.

지동지(2006)와 김수동(2012)은 배려의 기술 및 훈련에 관한 저서를 출판하였다. 지동지는 『배려의 기술: 가장 세련된 삶의 시작』이란 제목으로 배려의 훈련에 관한 단행본을 출판하였다. 그는 '배려의 기술'이란 타이틀을 붙여 배려의 기술을 다루려고 하였지만, 실제 내용들은 주로 배려의 마음과 행동의 특징들을 열거, 설명하는 데 치중하고 배려의 기술은 별로 다룬 것이 없다. 『배려의 교육』이란 제목으로 출판된 김수동의 저서도 그 내용들이 지동지가 다룬 내용들과 거의 비슷하다. 또한 그들은 '어떤' 마음이나 행동인가를 열거하기만 하고 '어떻게' 배려의 마음과 기술을 훈련할 것인가 하는 구체적인 방법과 절차에 대해서는 언급하지 않았다.

우리나라에서 제작된 프로그램들은 개발 절차가 엉성하고 산만하다는 비판을 받고 있다. 그것들은 ISD(instructional systems design)와 같은 철저하고 조직적인 절차를 거치지 않고 요인분석 결과나 문항 신뢰도(예를 들면, 알파계수)만 제시하여 놓고 프로그램의 신뢰도와 타당도에 관한 정보를 충분히 검토하지 않았기 때문이라 보인다. 모든 프로그램은 프로그램 수요자가 '이 프로그램은 믿고 사용할 수 있을 것 같다'는 생각을 할 수 있게 논리적이고 실증적으로 설득력을 갖추어야 한다.

배려훈련을 위해서는 기존 프로그램 중에 적당한 것을 선택해서 사용하거나 훈련 목적에 맞게 새로 개발해서 사용해야 한다. 배려의 기본요소와 그 과정(흐름)을 모르고서는 배려를 훈련하는 프로그램을 선택 또는 제작할 수 없다. 여기서는 배려훈련에 필요한 기본적인 사항들을 세 영역—(1) 배려의 기본요소, (2) 배려가 이루어지는 과정, (3) 배려훈련 프로그램의 개발과 실시—으로 나누어서 논의하고자 한다.

1) 배려의 구성요소

배려의 정신과 행동을 훈련하자면, 무엇보다 먼저 '어떤 사람이, 어떤 상황에서, 어떤 행동을 했을 때에 배려했다고 하는지'를 관찰해서 일일이 구체적으로 명시해야 한다. 바꾸어 말하면, 그것은 배려의 구성요소이며 배려의 구성요소를 일상생활에서 행동으로 잘 표현한 것이 바로 배려의 기술이다.

나딩스(Noddings, 1981)는 배려의 기본요소와 배려의 특징이라는 이름으로 배려의 요소를 열거하였고, 리프먼(Lipman, 2003)은 배려는 사고에서 시작된다고 주장하면서 배려를 '배려적 사고'라는 이름으로 다루었다. 이론적인 면에서 보면, 나딩스와 리프먼이 각각 분석한 배려의 구성요소들은 설득력은 있으나 지극히 이론적이다. 하지만 배려란 일상생활의 언어와 행동을 통해 표출되는 생활적인 현상이기 때문에 의사소통 현상으로 설명하는 것이 오히려 이해하기 쉬울 수도 있다. 그래서 이 영역에서는 배려의 기본요소를 나딩스와 리프먼이 나눈 배려의 기본요소와 함께 의사소통론적 관점에서 본 배려의 기본요소로 소개하고자 한다.

(1) 나딩스의 배려의 기본요소

나딩스(1984)는 배려의 기본요소를 〈표 6-1〉과 같이 관계성(relatedness), 감수성(sensitivity), 수용성(receptivity)으로 나누었다. 그가 분석, 제시한 배려의 기본요소는 간단, 명료하기는 하지만 지나치게 압축되어 있어서 모호하고 추상적이라는 지적이 제기되고 있다. '관계성'은 대인관계와 그 관계에서의 유대를 바탕으로 이루어지는 정서적 공감과 친절성을, '감수성'은 배려해야 할 상황을 민감하게 인식하는 예민성을, '수용성'은 공감을 바탕으로 상대방의 생각, 감정 등을 공감하고 받아들이는 개방성과 수용성을 뜻한다.

〈표 6-1〉 배려의 기본요소(Noddings, 1984)

- 관계성(relatedness): 어려운 또는 위험한 상황에 처한 사람이 느끼고 있는 감정에 공감하여 자신도 그렇게 느끼는 친밀성
- 감수성(sensitivity): 외부의 자극을 받아들이고 느끼는 능력을 뜻하며 넓은 의미로는 감각의 예민성을 뜻함. 인식에 대립되는 개념인 의식의 정서적 예민성
- 수용성(receptivity): 다른 사람 및 그의 생각, 감정, 의견 따위를 받아들여 공감하는 것을 의미하며, 원초적, 수용적인 감성의 본질

(2) 리프먼의 배려의 기본요소

리프먼(2003)은 인간의 행동은 기본적으로 사고에서 시작된다고 주장하면서 〈표 6-2〉와 같이 배려적 사고의 유형을 다섯 가지로 구분한 다음, 유형마다 7~9개의 하위요인으로 나누어 총 39개 요인으로 분류하였다. 그의 주장을 빌린다면, 우리의 사고는 비판적 사고, 창의적 사고, 배려적 사고, 다차원적 사고(비판적, 창의적, 배려적, 그것들을 모두 합친 다원적 사고)로 구분할 수 있고, 그중 배려적 사고의 기본요소는 (1) 감응적 사고(appreciative thinking), (2) 규범적 사고(normative thinking), (3) 정서적 사고(affective thinking), (4) 감정이입적 사고(empathic thinking), (5) 행동적 사고(active thinking)로 나눌 수 있다고 하였다.

그는 생각이 행동의 원천이고, 어떤 대상(사람 또는 사상)에 대하여 배려를 하자면 반드시 배려하고자 하는 생각이 선행되어야 하며, 배려하는 마음과 생각이 없이는 배려의 행동이 출현할 수 없다고 전제하였다. 그가 말한 다섯 가지 배려적 사고는 배려할 때에 작동하는 인지(즉 지성), 정서, 행동을 뜻하며 좁은 의미의 사고를 뜻하지 않는다. 즉, 그는 사고에 초점을 맞추어 정서, 행동을 다루고 있다고 한다. 39개의 하위특성은 이해하기 쉽게 간단한 낱말들로 정의되어 있지만, 지나치게 세분되어 그 뜻이 서로 중첩됨으로써 오히려 정확하게 이해하기 어렵게 만들어 놓았다는 비판도 있다.

감응적 사고는 상대방(또는 대상물)의 존재를 인식하고 그 가치를 인정, 존중하고 칭찬하는 마음과 관계되는 사고를, 규범적 사고는 단순히 사실을 분석하는 사고가 아니라 그것의 가치를 잉태하게 된 인간과 세계에 대한 당위성을 전제로 하는 사고를, 정서적 사고는 사랑,

원조, 기쁨, 분노, 동정심 등과 같은 감정이 반영되는 사고를, 감정이입적 사고는 다른 사람의 입장에 서서 자신이 그들인 것처럼 그 감정과 경험에 공감하여 자신의 느낌과 시각으로부터 몇 걸음 뒤로 물러서 다른 사람의 시각과 전망에서 자신을 느끼고 생각하는 것을, 행동적 사고는 배려하는 마음을 행동 표현을 통해 밖으로 나타내는 데 필

〈표 6-2〉 배려적 사고(Lipman, 2003)

1. 감응적 사고(感應的 思考, appreciative thinking)

소중히 여기기(prizing): 상대방이 내린 선택을 존중하고 높이 평가하는 것과 관계되는 사고

가치 있게 여기기(valuing): 상대방의 가치 판단의 유용성과 중요성을 찬미하는 것과 관계되는 사고

축하하기(celebrating): 상대방의 기쁘고 즐거운 일을 축하하고 격려하는 것과 관계되는 사고

소중히 여기기(cherishing): 상대방 또는 사물을 진심으로 사랑하고 보호하는 것과 관계되는 사고

감탄하기(admiring): 상대방의 행위, 솜씨, 마음씨에 대해 감탄하는 것과 관계되는 사고

존중하기(respecting): 상대방을 열린 마음으로 대하고 그의 존재, 의견, 감정, 태도 등을 존중하는 것과 관계되는 사고

마음에 간직하기(preserving): 마음속에 생각, 희망, 기쁨의 가정 등을 오래도록 간직하는 것과 관계되는 사고

칭찬하기(praising): 상대방에 대한 승인이나 칭찬을 표현(전달)하는 것과 관계되는 사고

2. 규범적 사고(規範的 思考, normative thinking)

요구하기(requiring): 상대방에게 법이나 규범, 규칙 등을 준수, 이행하도록 요구하거나 문제를 해결하도록 요구하는 데 필요한 사고

의무 다하기(obliging): 상대방과의 관계에서 사회적 질서를 유지하고 조정하기 위해 마땅히 해야 하는 의무를 다하기 위한 사고

강요하기(enforcing): 상대방에게 해야만 할 것을 행하도록 요구하는 것과 관계되는 사고

적절히 하기(appropriate): 적절한 시간, 장소에서 적적한 행동을 하는 데 필요한 사고

강력하게 요구하기(demanding): 상대방에게 그의 권리(관심, 주의, 배려, 책임 등)를 강력하게 요구하는 데 수반되는 사고

기대하기(expectant): 상대방에게 일상생활에서 지켜야 할 의무나 책임을 수행할 때에 필요한 행동에 대한 예상과 그 결과에 대한 기대와 관계되는 사고

3. 정서적 사고(情緒的 思考, affective thinking)

좋아하기(liking): 상대방을 좋아하는 느낌으로 관심을 갖고 이해하고자 하는 노력과 관계되는 사고

사랑하기(loving): 상대방(또는 어떤 사물)에 대해 애정을 느끼고 그 마음을 보여 주는 것과 관계되는 사고

길러 주기(fostering): 상대방이 성장, 발전하도록 용기를 북돋우거나 격려, 원조하려고 하는 것과 관계되는 사고

경의를 표하기(honoring): 상대방의 훌륭한 인품이나 행동을 높이 생각하고 존경의 뜻을 나타내는 것과 관계되는 사고

친절하기(friendly): 상대방과 우호적인 관계를 형성, 유지하고 친절하게 대하는 일과 관계되는 생각

격려하기(encouraging): 상대방을 지지하고 용기, 희망을 주어 힘을 내게 하는 노력과 관계되는 사고

4. 감정이입적 사고(感情 移入的 思考, empathic thinking)

고려하기(considerate): 상대방의 생각이나 감정을 생각하여 그가 상처를 입거나 기분이 상하지 않도록 주의하는 것과 관계는 사고

동정하기(compassionate): 상대방이 겪고 있는 어려움에 대해 안타깝게 여기고, 슬퍼하고, 공감하여 돕고자 하는 느낌과 관계되는 사고

후원하기(curatorial): 사람 및 사물을 가치 있게 여기고 돌보려고 하는 감정과 관계되는 사고

성심껏 돌보기(nurturant): 사소한 일에도 하나하나 소중히 주의를 기울여

돌보려는 행동과 관계되는 사고

동조하기(sympathetic): 상대방의 관점을 공유할 뿐만 아니라 기꺼이 지원하고 그의 문제를 이해하고 걱정한다는 마음을 보여 주는 것과 관계되는 사고

공감하기(solicitous): 상대방의 현실을 자신의 현실로 받아들여 상대방의 상황과 처지에 대하여 함께 느끼는 감정 표현과 관계되는 사고

성심성의로 돌보기(mindful): 주의를 기울이는 마음 및 정성과 관계되는 생각

진지해지기(serious): 상대방의 상황과 처지를 수용하는 과정에서 그것을 진지하고 성실하게 다루는 것과 관계되는 생각

상상하기(imaginative): 상대방의 느낌, 시각, 전망에서 느끼고 생각하는 것과 관계되는 사고

5. 행동적 사고(行動的 思考 active thinking)

조직하기(organizing): 상대방이 만족스러운 상태를 유지 또는 회복하도록 필요한 지식, 인력, 물자, 정보 등을 찾아 조직화하는 행동과 관련된 사고

참여하기(participating): 의사결정 과정이나 그룹 활동에 참여하여 참여자 간의 관계 형성에 긍정적인 영향을 미치고 작업을 원활하게 수행하는 참여적인 여건 조성과 관계되는 사고

관리하기(managing): 해야 하는 또는 하고자 하는 바를 방침을 정하고 상황에 맞게 지휘, 조정하는 행동과 관계되는 사고

실행하기(executing): 계획 및 의무를 실제로 행동으로 옮기고 실행하는 일과 관계되는 사고

구축하기(building): 판단 또는 생각을 이루기 위해 사람과 사람, 사람과 사물 사이의 긍정적인 관계를 조성하는 행동과 관련된 사고

공헌하기(contributing): 상대방의 발전을 위해 기여하는 행동과 관련되는 사고

실행하기(performing): 상대방을 위한 자신의 생각, 느낌, 역할, 직분, 목적, 책임 등을 다하려는 행동과 관계되는 사고

구조하기(saving): 곤란한 또는 위태로운 상황에 처한 사람이 그 상황에서 벗어나도록 도와주는 행동과 관계되는 사고

요한 사고를 뜻한다.

박은혁(2011)은 청소년용 배려적 사고척도를 개발하기 위해 리프먼의 배려적 사고척도를 번역하여 중학교 학생과 고등학교 학생을 대상으로 수집한 데이터를 토대로 요인분석을 하여 2개의 요인을 추출하였다. 요인 1(55개 문항)이 설명한 변량은 총변량의 17.617%이고 요인 2(10개 문항)의 변량은 총변량의 4.594% 뿐이었다. 그는 요인 2가 설명하는 변량의 백분율이 너무 적다는 것을 고려하여 배려의 사고척도는 단일요인(요인 1, 배려)일 뿐이라 할 수 있다고 하였다. 하지만 그가 배려의 구성요인을 분석한 결과는 리프먼이 제안한 배려적 사고의 구성용인과 다르고, 더욱이 사고척도를 우리말로 번역할 때에 일어날 수 있는 문제점과 연구대상 표집의 대표성 부족을 고려할 때 이 연구결과는 신중하게 다시 검토할 필요가 있다.

(3) 의사소통론적 관점에서 본 배려의 기본요소

어떤 사람이 가장 배려를 잘하는 것 같아 보이는가라고 묻는다면 아마 자원봉사자, 사회복지사 또는 심리상담사 등을 거론할 것이다. "말 한마디에 천 냥 빚도 갚는다."라는 속담이 뜻하듯이 배려는 반드시 행동으로 드러나야 하는 것이 아니라 말이나 표정으로 얼마든지 걱정하고 도우려고 한다는 것을 드러낼 수 있다. 배려의 과정과 기술은 심리상담의 과정 및 기술, 즉 의사소통 기술과 아주 유사하다.

상담할 때에 상담자가 쓰는 상담기법들을 참고하여 배려의 기술을 열거하면, 배려의 기술은 〈표 6-3〉과 같이 일곱 가지—(1) 온정(warmth), (2) 관찰(observation), (3) 대화(communication), (4) 경청(listening), (5) 수용(acceptance), (6) 공감(empathy), (7) 행동(action)—

로 압축할 수 있다. 비록 이것들은 배려해야 할 상황을 신속하게 포착하여 어려움을 겪고 있는 상대방을 말로 배려하는 과정에서 나누는 대화의 기법에 국한되어 있긴 하지만, 말을 통한 배려의 가장 기초적이고 핵심적인 기술이다.

이 일곱 가지 배려의 기술 중에 온정은 타인을 아끼고 사랑하여 도와주려고 하는 마음이기 때문에 그것을 기술로 인정하지 않는 이론가들도 있다. 그러나 온정은 인도주의에 바탕을 둔 심성(心性)이고 배려심이 쏟아져 나오는 원천이다. 그러한 심성이 없다면 물이 마른

〈표 6-3〉 배려의 기술

1. 온정

(1) 항상 세상사를 긍정적으로 보는 따듯한 마음을 가지도록 해야 한다. 온정은 체내에 흐르는 피와 같은 것이고, 피(온정)가 흐르지 않는 세상은 죽은 세상과 같다. 온정은 배려의 출발점이다. 온정은 '내재적인 것'이어서 변모시키는 것이 불가능하다는 주장도 있지만, 그것을 '태도'로 치환하면 얼마든지 변모시킬 수 있다.

(2) 남을 아끼고 사랑하는 따듯한 마음이 없는 곳에서 어찌 배려하는 마음과 행동이 나타나기를 기대할 수 있을 것인가? 어림도 없는 일이다. 온정은 한 사람의 인품이며 습성이다. 그러므로 설혹 그것을 태도로 전환시키기 어려운 경우가 나타나도 태도로 치환하기 위해 노력해야 하고 또한 상당히 지속적인 노력을 기울여야 한다.

2. 관찰

(1) 주변 사람들과 그들이 각자 겪고 있는 상황을 항상 두루 살펴보라. 배려는 다른 사람 또는 그 사람이 처한 일에 대한 온정을 바탕으로 하여 일어나는 것이기 때문에 무엇보다 먼저 세상일(다른 사람과 사물 또는 상황)을 보고 느낌을 품지 않고서는 배려하는 마음과 행동이 우러나지 않기 때문이다.

(2) 언제나 세상사(사람, 사물, 사건, 상황)를 능동적으로 두루 보살피되, 먼저 그것이 처한 상태를 '있는 그대로' 자연스럽게 보고 인간적으로 온정을 느끼는 수준에 이를 수 있을 때까지 관찰을 지속해야 한다.

(3) 세상사를 '있는 그대로' 자연스럽게 관찰하되, 다른 사람 또는 그가 겪고 있는 상황을 걱정하여 보호하고 도우려는 마음을 갖고 관찰하라. 그러한 마음이 없이는 무엇을 아무리 관찰해도 배려하는 마음과 행동이 밖으로 표출되지 않기 때문이다.

(4) 그러한 관찰은 배려하는 자의 직접적인 관찰, 경험을 통해 획득될 수도 있고 TV 프로그램을 보고 또는 신문이나 잡지, 책을 읽고, 다른 사람들의 행동을 관찰하여 얻는 간접적인 경험을 통해서도 획득될 수 있다. 그러므로 배려를 베푸는 자는 항상 생활 주변을 두루 살피고 배워야 한다.

(5) 관찰은 논리적, 이지적, 분석적이어야 하고 기본적으로 배려의 이지적 측면과 행동적 측면들을 빠짐없이 모두 관찰해야 하지만 느낌 등과 같은 감성적 측면들도 관찰해야 한다. 배려는 도움을 필요로 하는 사람에 대한 안타까운 마음에서 시작되기 때문이다.

3. 대화

(1) 목소리의 속도, 높이 그리고 크기의 변화를 잘 조절해서 말하라. 그것은 자신의 생각이나 느낌을 생생하고 성실하게 전달할 수 있는 방법 중 하나이기 때문이다.

(2) 심각한 이야기에도 때로는 위트와 유머를 발휘하여 긴장을 풀 수 있게 여유를 가지고 말해야 한다.

(3) 간결하고 명확한 용어와 표현을 써서 말하라. 어렵고 딱딱한 말을 하거나 길게 말하는 것은 공감하고 배려하고 있다는 것을 오히려 상대방에게 어렵게 할 때가 빈번하기 때문이다.

(4) 상대방의 말을 건성으로 듣지 말고 귀를 기울여 진지하고 성실하게 들어야(경청) 한다.

4. 경청

(1) 상대의 말을 건성으로 들어 넘기지 말고, 귀를 기울여 진정으로 성심성의껏 마음으로 그가 말하는 것을 열심히 들어라. 대화 도중 중요 대목에서 "그랬군요!" 또는 "음……." 등과 같은 짧은 말을 해서 이따금 당신

이 열심히 듣고 있다는 것을 나타내도록 말로 맞장구를 친다.

(2) 상대방의 말을 열심히 듣고 있다는 것을 말로 전달하는 것도 필요하지만 경청은 표정(특히 눈빛과 시선의 방향), 몸짓 등과 같은 비언어적 동작과 상대방의 말을 듣는 자세로 나타내는 것이 중요하다. 경청하는 자세는 대화가 진행되는 도중 상황에 따라 적절히 바꾸어야 한다.

5. 수용

(1) 어려움이나 고통을 겪고 있는 타인(다른 사람)의 심정과 그가 처한 딱한 상황을 '만약' '그리고' '그러나' 등과 같은 조건들을 따져서 생각하지 말고 일단 그의 마음과 생각 그리고 말을 '있는 그대로' 받아들여라. 그러한 '무조건적이고 긍정적인 관심(unconditioned positive regard)'를 표시하지 않고서는 배려적 인간관계를 형성할 수 없기 때문이다.

(2) 법을 어겼거나 나쁜 일을 저지른 사람이라고 할지라도, 그 사람이 그로 인해 겪고 있는 마음의 상처나 아픔에 대해서는 인간적으로 공감하고 수용하라. 착한 사람이 처한 어려움과 고통을 이해하고 도와주려고 하는 것만이 배려가 아니고 질병이나 노약, 장애로 어려움을 겪고 있는 사람들은 물론 비록 사회적 규범을 어기고 범죄를 저지른 사람을 돕고 그가 처한 어려움을 도와주려 하는 것도 배려이기 때문이다.

(3) 타인 또는 그가 처한 상황을 인간적으로 수용, 공감하려고 하면 일단 그 사람이 품고 있는 부정적인 생각과 느낌도 수용, 공감하고 마찬가지로 사안에 대한 그의 긍정적인 생각과 느낌도 수용, 공감하라. 그것이 평등하게 존경하는 사고다.

6. 공감

(1) 남의 감정, 의견, 주장에 대하여 자기도 그렇다고 느끼거나, 그렇게 느낀다는 것을 표현하라. 즉시, 자연스럽게 그리고 적극적으로 표현하라.

(2) 그러한 공감은(배려할 때의 공감은) 언어(말)로 표현할 때가 많지만 일단 표정, 눈빛, 손짓 등과 같은 비언어적 표현을 통해 즉시 전달하라. 비언어적 표현이 때로 언어적 표현보다 더 진지하게 보이고 명료하기 때문이다. 즉시적이다.

7. 행동

(1) 사람의 마음은 정신적이고 내면적인 것이기 때문에 다른 사람이나 그가 처한 딱한 상황에 대해 염려하고 안타깝게 여기는 배려의 마음도 최소한 표정이나 말로 나타내지 않으면 그 사람이 배려하는 마음을 가지고 있는지 없는지를 알 수가 없다. 그러므로 배려하는 마음을 표정이나 말로 표현하여 그 사람을 위로하고 격려하는 마음이 전달되어야만 배려라고 할 수 있다.

(2) 다른 사람이나 그가 처한 어려운 상황을 안타깝게 여기고 걱정하는 마음이 있어야만 그 사람이나 그가 하는 일을 도와주는 행동이 생성된다. 배려하는 마음이 있다는 것을 감지하기 어려울 때도 많고 또한 배려하는 마음만 보여 주고 그 마음을 직접 행동으로 보여 주지 않으면, 배려를 받는 사람은 배려하는 사람을 오히려 의심하고 실망한다.

(3) 그러므로 배려하는 마음을 행동화하여 동작이나 행동으로 나타내는 것은 배려하는 맨 마지막 단계의 기술이다. 다시 말하자면, 온정은 배려의 출발점이며 배려하는 마음에 해당하고 관찰, 대화, 경청, 수용, 공감은 각각 그 과정을 성공적으로 이끌어 가는 데 필요한 기술이고 배려의 종착역, 배려를 행동화하는 기술이다.

옹달샘이 되어 버려 그 밖의 기술들—관찰, 공감, 경청, 수용, 대화, 행동—은 모두 무용지물이 되고 만다. 그러므로 온정을 반드시 배려의 기술에 포함시켜야 한다. 그리고 이 일곱 가지 기술은 각각 하나씩 독립적으로 나타나는 것도 아니며 또한 계열적이고 순차적인 것도 아니다. 대화를 나누는 동안 시종 지속되어야 하지만 대화를 나누는 동안 대화의 내용에 따라 2~3개 또는 3~4개의 기술이 동시에 작동되어야 할 때도 있고, 대화를 나누는 동안 되풀이되어야 한다. 이 대화의 기술들은 배려를 할 때에만 사용하는 대화의 기술이 아니며, 일상생활에서 다른 사람과 대화할 때에도 써야 하는 대화의 기법이요, 기술이라고 할 수 있다.

2) 배려의 과정

배려를 구성하는 기본요소 또는 요인만을 확인하고 그것을 가지고 배려의 기술을 논한다는 것은 있을 수 없다. 배려의 과정을 전혀 고려하지 않고 배려의 요소만으로 배려증진 훈련방법을 이야기한다는 것은 지극히 비논리적이고 비현실적이기 때문이다. 여기서는 나딩스(Noddings, 1984), 트론토(Tronto, 1993), 타를로(Tarlow, 1996)가 제시한 배려의 과정을 소개하고자 한다. 나딩스는 배려하는 측의 행동만을 따져 배려의 과정을 분석하였으나, 트론토와 타를로가 각각 별도로 제시한 배려의 과정은 배려를 받는 측의 반응을 중시하고 그것을 배려의 과정으로 간주하여 배려의 객체의 반응도 배려 과정에 포함시켰다는 점에 주목해야 한다. 어떤 경우에도 배려를 받는 객체의 반응을 무시하고 배려의 과정을 다루는 것은 비현실적이다.

(1) 나딩스의 배려의 과정

나딩스(Noddings, 1984)는 배려의 과정을 몰입(engrossment), 공감(empathy), 수용(reception), 확언(confirmation)으로 나누었다. 이미 말했다시피, 그녀가 배려의 기본요소(관계성, 감응성, 수용성)로 지적한 것들은 실은 배려의 과정이라고 할 수 있고, 배려의 과정은 또한 배려의 기술이라고 할 수도 있다. 그만큼 배려의 과정과 기술은 구분하기 어려운 점이 많다. 그녀가 주장한 배려의 과정을 소개하면 〈표 6-4〉와 같다.

〈표 6-4〉 나딩스의 배려의 과정

• 몰입(engrossment): 개방적이며 진지하게 상대방을 수용하고 지속적으로 그의 입장 또는 처지를 집중적으로 보거나 듣는 과정, 즉 타자에 또는 그의 일에 대해 집중적이고 계속해서 몰두하는 과정 • 공감(empathy): 상대방의 행동을 예리하게 보고 또는 그의 말에 귀를 기울여 듣고 그가 생각하고 느끼는 것과 같이 그와 함께 느끼고 생각하는 과정 • 수용(reception): 자기 자신을 받아들이고 주위에 관심을 돌리는 반성적이고 친밀한 사랑을 표현, 즉 배려 또는 보살피는 사람이 보살핌을 받는 사람에게 수용적인 분위기를 제공하여 배려를 받는 사람이 스스로 동반자로 인식하게 노력하는 과정 • 확언(confirmation): 상대방이 갖고 있는 느낌, 생각 또는 행동이 최상의 것임을 믿게끔 진지하고 확실하게 격려, 촉진하는 말을 하는 과정

(2) 트론토의 배려의 과정

트론토(Tronto, 1993)는 〈표 6-5〉와 같이 배려의 과정을 4단계—관심을 갖고 주의하는 과정(caring about), 배려하려고 준비하는 과정(taking care of), 배려의 행동을 실천하는 과정(care giving), 배려를 받아들이고 반응하는 과정(care receiving)—로 나누었다. 첫 번째 단계는 배려가 필요하다는 것을 인식하고 배려를 해야 할지 안 해도 되는지를 평가하는 과정이고, 두 번째 단계는 배려를 하려는 준비(마음)와 그것을 해야 한다는 책임감이 도덕적 의무감에서 비롯되는 과정이며, 세 번째 단계는 배려에 대한 요구를 직접적으로 충족해 주는 액션 과정이고, 네 번째 단계는 배려를 받는 사람이 배려를 받아들이는 과정이라고 할 수 있다.

배려를 호혜적 관계 속에서 이루어지는 지속적이고 정서적이고 상호교환의 과정으로 정의한 트론토는 관계된 두 사람이 배려를 베풀

〈표 6-5〉 트론토의 배려의 과정

• 관심을 갖고 주의하는 과정(caring about): 상대방 또는 그가 처한 상황을 염려하고 관심을 갖는 과정 • 배려하려고 준비하는 과정(taking care of): 배려하기 위해 준비하고 책임을 지는 과정 • 배려의 행동을 실천하는 과정(care giving): 배려를 행동으로 옮겨 실천하는 과정 • 배려를 받아들이고 반응하는 과정(care receiving): 배려를 받는 사람이 그것을 받아들이고 그에 응답하는 과정

고, 수용하고, 교환하는 상호작용 관계로 보고 배려를 받아들이는 측의 반응을 배려의 과정의 한 부분으로 설정하였다는 점이 특징이다.

(3) 타를로의 배려의 과정

타를로(Tarlow, 1996)는 〈표 6-6〉과 같이 배려의 과정을 3단계—어려움에 처한 사람에게 염려, 걱정하는 마음과 도움을 제공하는 과정(offering), 어려움에 처한 사람이 상대가 제공하는 배려하는 마음과 행동을 받아들이는 과정(accepting), 배려를 제공하는 사람과 배려를 받는 사람 간에 인간적 상호작용이 일어나는 과정(exchange)—로 나누었다.

타를로는 배려의 과정을 일단 배려의 제공(배려하는 주체의 행동)과 수용(배려를 받는 객체의 반응)으로 양분하고 그런 다음 주체와 객체 간에 배려를 주고받는 상호관계로 다루었다. 트론토도 배려에서의 상호관계를 중요하게 다루었지만 타를로에 비하면 미약한 편이다. 다만, 타를로가 말한 배려의 과정은 간단, 명료하긴 하지만 그 구체성이 부족하다.

〈표 6-6〉 타를로의 배려의 과정

• 제공(offering): 상대방(주로 어려움을 겪고 있는 사람)에게 염려, 걱정하는 마음과 도움을 제공하는 과정 • 수용(accepting): 어려움에 처한 사람이 다른 사람이 제공하는 배려하는 마음과 행동을 받아들이는 과정 • 교환(exchange): 배려를 제공하는 사람과 배려를 받는 사람 간에 인간적인 상호작용이 일어나는 과정

3) 배려훈련 프로그램

'배려하는 마음과 행동은 길러질 수 있는가?' 하는 물음을 다시 한 번 하지 않을 수 없다. 배려는 선천적으로 타고난 그리고 장기적으로 서서히 길러지는 인성의 한 부분이기 때문에 단기간에 집중적인 훈련을 통해 배양한다는 것은 불가능하다고 주장하는 이론가들도 있다. 그러나 행동주의 심리학자들은 인간의 모든 행동은 다른 사람들의 행동을 보고(관찰) 모방하고 그것을 반복함으로써 길러진 것이기 때문에, 그것을 관찰과 조작이 가능한 행동으로 진술할 수 있다면 단기간의 집중적인 훈련을 통해 터득 또는 수정, 보완될 수 있다고 주장한다.

스키너(Skinner, 1974)의 행동주의 심리학 이론에 바탕을 두고 출발한 행동변용(behavior modification)은 모든 행동과 사고, 감정, 태도는 그것을 관찰과 조작이 가능한 구체적인 동작으로 세분할 수 있다면 그 구체적인 동작이 나타날 수 있도록 환경조건을 만들어 놓고 그것이 출현할 때마다 강화하고 체인처럼 연결하면 형성될 수 있으며, 반대로 어떤 행동, 사고, 감정 또는 태도를 소멸시키는 것도 마찬가지 방법으로 가능하다고 확신한다. 이를 바탕으로 1940년대부터 학습 프로그램 또는 프로그램 학습이라는 이름으로 아주 광범하게 사용되고 있다. 1960년대부터 그것은 인지심리 이론들과 결부되어 인지행동요법이란 이름으로 더욱 활성화되었다.

그동안 행동변용 원리에 입각하여 훈련 프로그램을 개발하는 절차들이 수없이 제안되었다. 그중 가장 조직적이고 체계적인 프로그램 개발 절차로 로건(Logan, 1977), 앤드루스과 구드슨(Andrews & Goodson, 1980) 등이 개발한 ISD 절차를 그 보기로 들면, 그들은 ISD의 일반적인 절차로서 ADDIC 과정—즉, 분석(analyzing: A), 결정(decision: D), 개발(development: D), 실행(implement: I), 통제(control: C)라고 하는 다섯 단계—을 거쳐야만 하나의 프로그램을 개발할 수 있다고 하였다. 그리고 프로그램을 조직하는 방법에는 선형(linear), 분지형(branched), 혼합형(mixed), 합성형(scrambled) 등이 있다.

우리나라에서는 개발된 배려증진 프로그램들을 사용하여 배려훈련을 한 다음 종속변인(아동들의 자아 개념, 친사회적 행동, 효능감) 등에 미치는 영향을 확인하기만 하였고, 배려의 정신 또는 행동이 어느 정도 증진되었는지를 연구한 논문은 거의 없다. 제약회사에서 신약을 개발한 다음 그 약의 효과와 부작용을 테스트하는 무수한 임상시험을 거쳐 효과와 부작용이 거의 없다는 사실이 밝혀져야 비로소 그 약을 시판할 수 있게 되듯이, 배려훈련 프로그램도 그러한 검정 및 통제(개선, 보완) 과정을 거쳐야만 비로소 사용할 수 있게 하는 자체 검정과정이 필요하다. 우리나라에서도 프로그램 개발 원칙을 지켜 개발된 프로그램이 나오기를 기대한다.

이미 다른 연구자가 개발하여 놓은 프로그램이 있을 때에는 훈련 담당자가 그중에서 자신이 실시하고자 하는 훈련 목적과 상황 조건에 맞고 타당도 및 신뢰도가 높은 프로그램을 선정하여 사용하거나 프로그램 일부를 개정, 보완해서 사용하면 된다. 그러한 프로그램이 없을 때는 훈련 담당자가 직접 프로그램을 제작해야 한다. 기존 프로그램 중에서 특정한 프로그램을 선정 또는 수정, 보완해서 사용해야 하는 경우, 프로그램을 평가하는 과정은 프로그램을 새로 개발하는 절차와 거의 동일하다. 때문에 두 상황 중 어느 경우에도 참고할 수 있도록 여기서는 (1) 프로그램 개발 절차와 (2) 프로그램 실시 절차라는 두 부분으로 나누어 설명하고자 한다.

(1) 배려훈련 프로그램 개발 절차

훈련 프로그램을 개발하는 작업과정은 프로그램 종류에 따라 다르기 때문에 일률적으로 말하기 어렵다. 하지만 배려훈련 프로그램 개발 절차는 대개 다섯 단계—① 프로그램 개발 목적 명시, ② 프로그램의 세부내용 열거, ③ 분할, 진술된 항목의 배열, ④ 강화 조건들의 명시 및 진술, ⑤ 분할된 행동의 연결과 연습—로 나뉜다.

프로그램 개발 목적 명시: 다 같은 배려증진 프로그램이라고 할지라도 문화, 생활배경, 연령, 남녀 그리고 그 사람의 직업 및 활동에 따라 배려의 의미가 다르다. 그러므로 배려의 일반적인 정의를 진술한 다음 프로그램 개발 목적과 함께 프로그램 참가 대상 및 프로그램의 형태를 밝히고 목표를 명시해야 한다.

프로그램의 세부내용 열거: 프로그램 개발 목적에 따라 어떤 형태의 배려를, 어떤 장면 또는 상황에서 배려 행동을 증진할 것인지 그리고 어떤 행동이 표출되었을 때에 배려의 마음 또는 행동이라고 할 것인지를 일일이 열거, 명시해야 한다. 이때 '일일이 열거, 명시해야 한다'는 말은 프로그램을 통해 증진하고자 하는 배려의 마음 또는 행동을 작은 덩어리로 쪼개어 좀 더 구체적인 것으로 진술한다는 뜻이다.

분할, 진술된 항목들의 배열: 분할해서 좀 더 구체적으로 진술된 배려의 마음 또는 행동을 물 흐르듯이 자연스럽게 그리고 논리적으로 연결한다. 연결된 그 행동이 바로 그 프로그램에서 계획하는 배려의 행동 및 마음이다.

강화 조건들의 명시 및 진술: "칭찬은 고래도 춤추게 한다."라는 말이 있듯이, 적절한 강화가 뒤따르지 않으면 나타난 반응도 사라진다. 행동주의 심리학의 이론에 의하면 어떤 종류의 강화를 어떤 시기에 주는가에 따라 프로그램의 효과가 달라진다. 그러므로 훈련 프로그램을 개발할 때에 강화의 형식과 빈도를 미리 결정해야 한다. 그리고 훈련을 할 때 훈련 담당자가 주로 구두로 설명하지만 사진, 녹음기, VTR, TPP 등과 같은 보조도구들이 있어야 훈련을 효과적으로 수행할 수 있다고 판단되는 경우 그러한 기구들도 빠짐없이 마련해야 한다.

분할된 행동의 연결과 연습: 토막토막 쪼개서 분할한 것들을 다시 연결하지 못하면 그것은 프로그램 개발자가 목표로 한 배려의 마음 또는 행동이라 할 수 없다. 그러므로 분할된 동작들을 모아서 하나의 전체적인 행동이 되도록 그리고 습관적인 수준의 행동이 되도록 반복, 연습하는 조건과 상황을 명시해야 한다. 또한 프로그램을 개발할 때에 훈련 단계별로 그 과정과 성과를 점검, 평가하고 수정, 보완해야 한다. 프로그램이 비교적 만족한 수준에 이르렀다고 판단되면 그때는 프로그램의 타당도와 신뢰도를 확인한다. 그 또한 모두 만족할 만한 수준으로 확인되었을 때에 비로소 프로그램이 완성된다.

(2) 프로그램 실시 절차

프로그램을 개발한 다음 그것을 실시할 때 유의해야 할 사항은 크게 두 가지—동기 형성과 훈련 순서—로 나눌 수 있다. 이때 동기 형성이라 함은 피훈련자로 하여금 배려의 마음과 행동을 증대하고자 하는 목적의식 또는 의욕을 갖게 하는 것을 뜻한다. 넓게 보면, 동기 형성 절차는 당연히 훈련 순서의 일부로 포함되어야 한다. 그럼에도 훈련 순서에서 동기 유발을 따로 분리해서 다루기로 한 것은 배려의 마음과 행동을 증대해 보겠다는 동기가 없는 상태에서 실시된 훈련은 훈련의 효과를 전혀 기대할 수 없기 때문이다.

동기 형성: "마부가 말을 물 가까이 끌고 갈 수는 있지만, 그 말에게 억지로 물을 마시게 할 수 없다."라는 속담이 말하듯이, 배려증진 프로그램 참가자도 훈련에 참가하였다고 해서 자동으로 배려하는 마음과 행동이 획득되는 것은 아니다. 따라서 배려하는 마음과 행동이 필요하고 중요하며 그것은 상대방을 위해 필요할 뿐만 아니라 자기 자신을 위해서도 필요하다는 것을 깊이 인식하게 하고, 훈련 참가자에

게 적극적으로 참여하여 소기의 목적을 거두겠다는 의욕을 불러일으키는 동기화 과정이 반드시 필요하다.

동기화 세션(motivating session)을 모든 프로그램의 첫 세션으로 하는 것은 훈련 프로그램 개발의 기본법칙이다. 또한 동기화 세션을 마치고 난 다음 후속되는 여러 세션, 즉 다른 프레임에서도 배려의 출현 빈도와 강도를 높이고 더욱 세련되게 다듬기 위한 방법으로 필요할 때마다 동기화를 되풀이하는 것이 프로그램 제작의 원칙이다. 훈련 프로그램을 실시할 때에 동기화 과정을 한층 더 강화할 목적에서 여기서는 동기화 세션을 훈련 순서에서 떼어 내어 별도로 설명하였다.

훈련 순서: 배려훈련 프로그램을 구성할 때에 체인처럼 프레임들을 체계적으로 잘 배열하는 방법은 훈련의 성과를 좌우한다. 훈련 순서에 대한 설명은 프로그램을 개발할 때에 프로그램의 세부내용 열거, 분할, 진술하고 그것들을 합리적으로 배열하는 방법에 대한 설명을 보다 구체화한 것과 거의 동일하다. 사회학습 이론에서 모방학습을 설명할 때에 주장되는 바와 같이 훈련 순서는 (1) 설명, (2) 시연, (3) 모방, (4) 점검, (5) 강화, (6) 연습이라는 차례로 실시되어야 한다. 그것들은 사회학습 이론에서 말하는 관찰 및 모방 학습의 기본 절차이므로 훈련 담당자가 반드시 알아 두어야 할 사항이다.

a. 설명(instruction): 프레임마다 배려하는 마음 또는 행동이 어떤 행동인지를 알려 주는 것을 설명이라고 한다. 유인물, 동영상 화면 등을 이용하여 설명의 효과를 극대화할 필요가 있다.

b. 시연(demonstration): 능숙한 조교가 시범을 보여야 한다. 말이나 서면, 동영상 화면을 이용하는 설명은 실감이 나지 않을 때가 있으므로 반드시 직접 시범을 보여야 한다.

c. 모방(coping or imitation): 시범을 보고 난 다음, 훈련을 받는 자가 그것을 모방하도록 이끌어야 한다. 모방하려는 노력이 뒤따르지 않으면 그것은 훈련을 하지 않는 것과 같다.

d. 점검(monitoring): 훈련을 받는 자가 프레임별로 시범을 보고 자신이 모방한 행동을 스스로 점검, 기록, 평가(self-monitoring)하고, 필요한 경우 수정 및 보완해야 한다.

e. 강화(reinforcing): 점검, 평가한 결과가 만족할만한 수준이면 외적강화를 주어야 하고, 훈련받는 자가 스스로 자기강화(self reinfor-cing)하는 것이 더 바람직하다. 자기효능감을 느끼고 자신감을 갖게 하는 것도 자기강화의 한 방법이다.

f. 연습(rehearsal): 프레임마다 모방, 형성된 동작이나 행동이 소멸되지 않도록 무의식적인 수준의 습관화가 될 때까지 반복, 연습해야 한다. 그리고 프레임별로 익힌 행동을 결합한 최종 행동도 반복, 연습해야 한다.

참 | 고 | 문 | 헌

고미숙(2004). 배려윤리와 배려교육. 한국교육학연구, 10(2), 37-62.

권오철, 김필두, 김경훈(2004). 지방자치단체의 업무 프로세스의 개선방안 연구. 한국지방행정연구원 연구보고서, 370권.

권오현(2002). 인간관계: 성공의 법칙. 서울: 문장사.

김록권, 이중현(2007). 환자에게 다가서 존경과 배려가 있는 인간중심치료를 하겠습니다. 구방저널, 토원, 398, 40-42.

김문성(편).(2010). 배려의 심리학: 경영자의 진정한 힘은 배려의 마음이다. 서울: 스타북스.

김민강(2007). 전문 직업인의 도덕적 자아발달에 관한 비교문화 연구: 치과의사를 중심으로. 서울대학교 대학원 박사학위논문.

김민성(2009). 교수학습상황에서 배려의 개념화와 교육적 의미. 교육심리연구, 23(3), 429-458.

김민성(2011). 대학생이 인식하는 배려하는 교수자의 특성 및 유형 분석. 교육심리연구, 25(1), 61-86.

김수동(2005). 배려의 교육. 경기: 양서원.

김수동(2012). 배려의 기술. 경기: 양서원

김완순(2008). 배려윤리의 이론적 배경. 윤리문화연구, 4, 48-89.

김은하(2013). 상담학에서 공감 연구에 대한 고찰: 국내 주요 상담학술지를 중심으로. 상담학연구, 14(5), 2851-2867.

김정희(2010). 인간관계를 결정하는 커뮤니케이션: 불변의 법칙. 서울: 미래북.

김현정(2013). 공감만족-공감피로(CS-CF) 모델에 의한 임상간호사의 소지 모형. 중앙대학교 대학원 박사학위논문.

김형태, 원지영, 이은희, 이준우, 임원선(2013). 사회복지개론. 서울: 선정.

김혜경(2012). 노인 돌봄: 노인 돌봄의 경험과 윤리. 가족과 문화, 24(1), 212-216

김홍일(2006). 공감의 도덕교육적 함의: M. L. Hoffman의 이론을 중심으로. 도덕교육학연구, 7(1), 97-117.

남영주(2014). 참여와 배려, 협동이 있는 국어수업. 경북교육, 156, 87-89.

노상우, 이혜은(2009). 배려윤리가 중학교 도덕과 교육에 주는 함의. 교육의 이론과 실천, 14(3), 1-23.

노주환 역(2007). 배려경영; 직원이 튀어야 회사가 산다. 서울: 수희재.

문강운(2012). 대화의 기술. 경기: 래드북.

문경희, 남영숙, 김기대(2011). 나딩스의 배려이론이 초등학교 환경가치교육에서 갖는 함의. 교사교육연구, 50(2), 79-98.

문정애(2007). 자기배려를 위한 교육론 탐색. 교육학논총, 28(2), 58-77.

박미랑(2013). 여성주의적 배려윤리의 도덕교육적 의미와 가능성. 교육철학연구, 35(4), 51-75.

박병춘(1999). 보살핌 윤리의 도덕교육적 접근 연구. 서울대학교 대학원 박사학위논문.

박병춘(2013). 정의윤리와 배려윤리의 상호관련성 연구. 윤리연구, 93, 161-186.

박성희(2004). 공감학 어제와 오늘. 서울: 학지사.

박영춘(2002). 배려윤리와 도덕교육. 서울: 울력.

박은혁(2011). 청소년용 배려적 사고척도 개발 및 타당화. 명지대학교 대학원 박사학위논문.

배해연, 강영하(2010). 배려증진 프로그램이 초등학생의 배려 및 공격성에 미치는 영향. 초등학교 교육연구, 10(1), 43-63.
백완기(2007). 행정학 원론. 서울: 박영사.
백형배, 강인호, 김길수, 이종대(2012). 행정학 개론. 서울: 비엔엠북스.
서영화(2011). 독일 성년후 견제서비스 전달체제 운영방식 벤치마킹. 인간배려 우선하는 독일의 성년후견제. Social worker, 105, 58-61.
송명자(2009). 발달심리학. 서울: 학지사.
신창호(2013). 배려와 학습. 서울: 박영사.
안효자, 이영미(2012). 인간관계와 의사소통. 경기: 수문사.
양경미(역).(2006). 나를 행복하게 만드는 배려의 심리. 서울: 오늘의 책.
양미진, 김은영, 이상희(2008). 초등학생의 학교폭력예방을 위한 배려증진프로그램 개발. 청소년상담연구 총서, 1-194.
양성미, 임효남, 이주희(2013). 간호대학생의 공감능력과 문화적 역량과의 관계. 한국간호교육학회지, 19(2), 183-189.
오경희, 한대동(2007). 배움, 돌봄, 그리고 진정한 만남의 유아교육공동체 형성. 미래유아교육학회지, 14(4), 219-244.
유진상(역).(2012). 배려의 심리학. 서울: 학지사.
윤현진(역).(2007). 정의와 배려. 서울: 인간사랑.
이경재(2008). 효과적인 배려. 서울: 먼 못.
이나연(1997). 배려의 윤리적 관점에서 분석한 도덕판단 지향성 연구. 고려대학교 대학원 박사학위논문.
이명신, 권충훈(2010). 나딩스의 배려교육론: 유아교육과 교사교육 중심으로. 중등교육연구, 22, 59-78.
이성자(2009). 뭐가 다른데? 배려하는 마음을 일깨우는 여섯 가지 이야기. 서울: 문원.
이연수(2011). 초등학생용 배려증진 프로그램 개발. 경북대학교 대학원 박사학위논문.
이영진(2014). 간호사의 공감역량 측정도구 개발. 고려대학교 대학원 박사학위논문.

이용교(2005). 디지털 사회복지개론. 서울:인간과복지.

이지혜(2005). 도덕민감성 척도 개발 및 특성에 관한 연구. 서울대학교 대학원 석사학위 논문.

이형훈(2008). 누구든 내 사람을 만드는 배려의 힘. 서울: 당그래출판.

임정연, 유재봉(2012). 나딩스 배려교육론의 도덕교육적 함의. 도덕교육연구, 24(2), 135-162.

임지원(역). 보살핌: 너와 나를 묶어주는 힘. 서울: 사이언스북.

임형택, 고정원(2011). 사목적 배려. 광주: 광주가톨릭대학.

장명실, 김정숙, 위휘(2011). 인간관계와 의사소통의 워크북. 서울: 성심여자대학교출판부.

장인협, 이혜경, 오정수(1999). 사회복지학. 서울: 서울대학교출판문화회관.

전해왕(2008). 건전가정 육성을 위한 다양한 가족형태의 이해와 사회적 배려. 충북복지정보, 18, 24-25.

정복운, 곽경화(2003). 배려지향적 도덕성 과정과 정의지향적 도덕. 서울: 집문당.

정옥분 (2013). 성인 · 노인심리학. 서울: 학지사.

정진선, 문이란(2011). 인간관계의 심리. 서울: 시그마프레스.

제갈 돈, 김병규, 도수관, 윤기웅, 이곤수(2014). 행정학 개론. 서울: 법문사.

조성민(2012). 나딩스 배려윤리의 도덕교육적 의의와 한계. 윤리철학교육, 17(1), 1-26.

지동지(2006). 배려의 기술: 가장 세련된 삶의 시작. 서울; 북스토리.

차진우(역)(2014). 달라이 라마가 설파하는 배려의 경영학. 뉴스위크, 24(13), 42-45.

최봉현(2014). 배려보다 아름다운 존중: 진료실에서 벌어지는 에피소드를 통한 삶의 진솔한 이야기. 서울: 명문출판사.

최선임(역).(2011). 이해와 배려로 모두가 행복해지는 자기중심 심리학. 서울:지식여행.

최선임(역).(2012). 사람의 마음을 움직이는 대화의 기술. 서울: 스카이출판사.

최용성(2002). 도덕교육에 대한 새로운 접근: 배려의 윤리. 부산: 부산대학교 출판부.

최용성(2003). 도덕교육에 있어서 배려의 공동체에 관한 연구. 도덕윤리과교육연구, 17, 58-102.

추병환(1998). 길리건의 도덕박달 이론에 대한 재조명. 도덕윤리교육과 교육연구, 9, 390-416.

한상복(2006). 배려: 마음을 움직이는 힘. 서울: 위즈덤하우스.

한유진, 강민정, 단현국(2006). 3세와 4세 유아의 마음에 대한 이해: 틀린 믿음, 조망수용, 의도를 중심으로. 아동학회지, 27(3), 255-270.

한윤복(1975) 인간관계적 배려가 깃들인 간호. 의맥(醫脈), 9, 216-219.

한평수(역).(2009). 배려: 윤리와 도덕교육에 대한 여성적 접근. 서울. 학지사.

홍경자(2007). 의사소통의 심리학. 서울: 이너북스.

홍연금(2009). 우리나라 윤리적 소비자에 대한 사례연구. 가톨릭대학교 대학원 박사학위논문.

홍정희(2014). 중환자실 간호사의 감성능력과 공감피로, 소진과의 관계. 연세대학교 간호대학원 박사학위논문.

Ainsworth, M. S., Blehar, M., Waters, E., & Wall, S. (1978). *Patterns of attachment*. Hillsdale, NJ: Erlbaum.

Andrews, D. H. & Goodson, L. A. (1980). A comparative analysis of models of instructional designs. *Journal of Instructional Development, 3*(4), 2-16.

Arkhatib, J. A., Vitell, S. J., & Rawwasm M. Y. A. (1997). Consumer ethics: A cross-cultural investigation. *European Journal of Marketing, 3*(11/12), 750-767.

Atira et al. (2004). The development of belief and objective method for evaluating moral sensitivity and reasoning in medical students. *BMC, Medical Ethics, 5*(1), 112-123.

Bandura, A. (1977a). *Social learning theory.* New York: Prentice.

Bandura, A. (1977b). Toward a unifying theory of behavior change. *Psychological Review, 84*, 191-215.

Bartky, S. (1990). *Femininity and domination: Studies in the phenomenology of oppression.* New York: Routledge.

Batson, D., Early, S., & Salvarani, G. (1997). Perspective taking: Imagining how another feels versus imagining how you would feel. *Personality and Social Psychology Bulletin, 23*, 751-758.

Bebeau, J., Rest, J. R., & Yumor, C. M. (1985). Measuring dental students' ethical sensitivity. *Journal of Dental Education, 49*, 225-235.

Beck, G. (1994). *Reclaiming educational administration as a caring profession.* New York: Teachers College Press.

Benhabib, S. (1987). The generalized and the concrete other: The Kohlberg-Gilligan controversy and feminist theory. In S. Benhabib & D. Cornell (Eds.), *Feminism and critique.* Minneapolis, MN: University of Minnesota Press.

Bevis, E. O. (1981). Caring: A life force. In M. Leininger (Ed.). *Caring: An essential human need.* Thorofare, NJ: Charles B. Slack.

Bore, D., Munro, D., Jerrudge, L., & Powis, D. (2005). Selection of medical students according to their moral orientation. *Medical Education, 39*, 266-275.

Bowlby, J. (1989). *Secure attachment.* New York: Basic Books.

Buder, E. (1991). *Vocal synchrony in conversations: Spatial analysis of fundamental voice frequency.* Unpublished doctoral dissertation, University of Wisconsin-Madison.

Clement, G. (1996). *Care, autonomy, and justice: Feminism and the ethic of care*. Boulder, CO: Westview Press.

Cohen, H. (1981). *The nurse's quest for a profession identity*. Menlo Park, CA: Addison-Wesley.

Collison, V., Killeavy, M., & Stephenson, J. (1998). *Exemplary teachers: Practicing an ethic of care in England, Ireland, and the United States*. Paper prepared for the Annual Meeting of the American Educational Research Association, San Diego, CA.

Cooper, R. (2005). Ethics and altruism: What constitutes social responsible design? *Design Management and Review, 16*(3), 10-18.

Dickson, M. A. & Eckman M. (2006). Social responsibility. The concept as defined by apparel and textile scholars. *Clothing & Textile Research Journal, 24*(3), 178-191.

Egan, G. (2010). *The skilled helper: A problem management and opportunity development approach to helping* (9th ed.). Nonterey, CA: Brooks/Cole.

Ekman, P., Friesesn, W., O'Sullivan, M., & Chan, A. (1987). Universals and cultural differences in the judgments of facial expressions of emotion. *Journal of Personality and Social Psychology, 53*, 712-717.

England, P. (2005). Emerging theories of care work. *Annual Review of Sociology, 31*, 381-400.

Ferguson, A. (1987). A feminist aspect theory of the self. In M. Hanen & K. Nielsen (Eds.), *Science, morality & feminist theory*. The University of Calgary Press.

Fisher, H. & Tronto, J. (1991). Toward a femist theory of caring. In E. Abel & M. Nelson (Eds.). *Circles of care: Work and identity in women's lives*. Albany, NY: SUNY Press.

Foucault, M. (1988). The political technology of individuals. In L. Martin, H. Gutman, & P. Hutton (Eds.), *Technologies of the self: A seminar with Michel Foucault*. Amherst, MA: The University of Massachusetts Press.

Gilligan, C. (1977). In a different voice: Women's conceptions of self and morality. *Harvard Educational Review, 47*(4), 481-517.

Gilligan, C. (1982). *In a different voice: Psychological theory and women's development*. Cambridge, MA: Harvard University Press.

Graham, H. (1995). *Caring: A labor of love*. Oxford: Charendon Press.

Hamington, M. (2004). *Embodied care: Jane Addams, Maurice Merleau-Ponty, and feminist ethics*. Urbana: University of Illinois Press.

Harrison, R. & Newholm, T. (2005). *Ethical consumer*. Sage: London.

Haviland, M. & Lelwica, M. (1987). The induced affect response: 10-week-old infants' responses to three emotion expressions. *Developmental Psychology, 23*, 97-104.

Hay, D. F., Nash, A., & Pedersen, J. (1981). Responses of six-month-olds to the distress of their peers. *Child Development, 52*, 1071-1075.

Held, V. (2006). The ethics of care. In D. Copp (Ed.). *The oxford handbook of ethical theory*. New York: Oxford University Press.

Hoagland, L. (1991). Some thought about caring. In C. Card (Ed.), *Feminist ethics*. University Press of Kansas.

Hoffman, M. (1975). Developmental synthesis of affect and cognition and its implications for altruistic motivation. *Developmental Psychology, 11*, 607-622.

Hoffman, M. (2000). *Empathy and moral development: Implication for caring and justice*. New York: Cambridge University Press.

Kim, M. (2005). Dialogical caring encounters between teacher and students: The role of computer-mediated communication in preparing preservice reading teachers. *National Reading Conference Yearbook, 54*, 227-239.

Koehn, D. (1998). *Rethinking feminist ethics: Care, trust and empathy.* New York: Routledge.

Kohlberg, L. (1968). Early education: A cognitive development approach. *Child Development, 39*, 1013-1062.

Kohlberg, L., Levine. C., & Hewer, A. (1983). *Moral stages: A current formulation and a response to critics.* Basel, NY: Karger.

Kohut, H. (1959). Introspection, empathy, and psychoanalysis: An examination of the relation between mode of observation and theory. In P. H. Ornstein (Ed.), *The Search for the Self*, Vol. 1. New York: International Universities Press.

Kymlica, W. (1990). *Contemporary political philosophy: An introduction.* Oxford, England: Carenton Press.

Levinas, E. (1985). *Ethics and infinity: Conversations with Philippe Nemo.* R. A. Cohen (Trans.). Pittsburgh, PA: Duquesne University Press.

Lachman, V. D. (2012). Applying the ethics of care to your nursing practice. *Medsurg Nursing, 21*(2), 112-116.

Lipman, M. (1995). Caring as thinking. *Inquiry: Critical Thinking across the Discipline, 15*(1), 1-13.

Lipman, M. (2003). *Thinking in education.* New York: Cambridge University Press.

Logan, R. S. (1977). *A survey and analysis of military computer-based systems: A two-part systems development* (Report No. MDGE 1579). St. Louis, Missouri: McDonnell Douglass Astronautics Company-East.

Logan, R. S. (1982). *Instructional systems development: An international view of theory and practice.* New York: Academic Press

Marcia, J. E. (1993). The relational roots of identity. In J. Kroger (Ed.), *Discussions on ego identity.* Hillsdale, NJ: Lawrence Erlbaum.

Martin, G. B. & Clark, R. D. (1982). Distress crying in infants: Species and peer specificity. *Developmental Psychology, 18*, 3-9.

Martin, P. (2007). Caring for the environment: Challenges from notions of caring. *Australian Journal of Environmental Education, 23*, 57-64.

Mayoffer, M. (1971). *On caring.* New York: Harper & Row.

Mead, G. H. (1934). *Mind, self and society.* Chicago: University of Chicago Press.

Meltzoff, N. (1988). Infant imitation after a 1-week delay. *Developmental Psychology, 24*, 470-476.

Montemerlo, M. D. & Tenyson, M. E. (1976). *Instructional systems development: Conceptual analysis and comprehension bibliography* (Report No. NTEC-TH-257). Orlando, Florida: Naval Training Equipment Center.

Mortari, L. (2004). Educating to care. *Canadian Journal of Environmental Education, 9*, 109-122.

Nightingale, F. (1860). *Notes on nursing: What it is and what it is not.* London: Harrison.

Noddings, N. (1984). *Caring: A feminine approach to ethics and moral education.* Berkeley: University of California Press.

Noddings, N. (1992). *Challenge to care in schools: An alternative approach to education.* New York: Teachers College Press.

Noddings, N. (1995). *Philosophy of education.* Colorado: Westview Press.

Noddings, N. (1999). Care, justice and equity. In M. S. Katz, N. Noddings & K. A. Strike (Eds.), *Justice and caring: The search for common ground in education*. New York: Teachers College Press.

Noddings, N. (2002). *Starting at home*. Berkely & Los Angeles, CA: University of California Press.

Noddings, N. (2003). *Caring: A feminine approach to ethics and moral education* (2nd ed.). Berkely & Los Angeles, CA: University of California Press.

Noddings, N. (2005a). *Education citizens for global awareness*. New York: Teachers College Press.

Noddings, N. (2005b). *The challenge to care in schools: An alternative approach to education* (2nd ed.). New York: Teachers College Press.

O'Neil, H. H. (1979). *Procedures for instructional systems development*. New York: Academic Press.

Parker, R. (1971). Tending and social policy. In E. Goldberg, & S. Hatch, (Eds.), *A new look at the personal social services*. London: Policy Studies Institute.

Parker, R. (1993). *Moral boundaries: A political argument for an ethics for caring*. New York: Routledge.

Radke-Yarrow, M. & Zahn-Waxler, C. (1984). Roots, motives, and patterns in children's prosocial behavior. In E. Staub, D. Bar-Tal, J. Karylowski, & J. Reykowski (Eds.), *Development and maintenance of prosocial behavior*. New York: Plenum.

Rest, J. R. (1983). Morality. In P. Mussen (Ed.). *Handbook of child psychology, Vol. 3: Cognitive development* (4th ed.). New York: Wiley.

Rest, J. R. & Marvaez, D.(Ed.). (1994). *Moral development in the professions: Psychology and applied ethics*. Mahwah, NJ: Lawrence Erlbaum Associates.

Rogers, C. R. (1957). The necessary and sufficient conditions of therapeutic personality change. *Journal of Consulting and Clinical Psychology, 21*(2), 95-103.

Rossiter, M. (1999). Caring and the graduate student: A phenomenological study. *Journal of Adult Development, 6*(4), 205-216.

Ruddick, S. (1995). Injustice in families: Assault and domination. In V. Held (Ed.), *Justice and care: Essential readings in feminist ethics.* Boulder, CO: Westview Press.

Scherer, K. (1982). Methods of research on verbal communications: Paradigms and parameters. In K. Scherer & P. Ekman (Eds.), *Handbook of methods in nonverbal behavior research.* New York: Cambridge University Press.

Sharp, A. M. (2004). The other dimensions of thinking. *Critical & Creative Thinking, 12*(1), 9-14.

Skinner, B. F. (1974). *About behaviorism.* New York: Knopf.

Suinn, R. M. (1990). *Anxiety management training: A behavior therapy.* New York: Plenum.

Tarlow, B. (1996). Caring: A negotiated process that varies. In S. Gordon, P. Benner, & N. Noddings (Eds.), *Caregiving: Readings in knowledge, practice, ethics, and politics.* Philadephia, PA: University of Pennsylvania Press.

Termine, T. & Izard, E. (1988). Infants' responses to their mothers' expressions of joy and sadness. *Developmental Psychology, 24*, 223-229.

Teven, J. J. (2001). The relationships among teacher characteristics and perceived caring. *Communication Education, 50*(2), 159-169.

Thayer-Bacon, J. & Bacon, S. (1996). Caring in the college/university classroom. *Educational Foundation, 19*(2), 53-72.

Tronto, J. C. (1993). *Moral boundaries: A political argument for an ethic of care*. New York: Routledge.

Tyler, L. E. (1953). *The work of the counselor*. New York: Appleton-Century-Crofts.

찾 | 아 | 보 | 기

저자 소개

■ **이수연** (Lee, Soo-Yeon)

미국 University of Florida 철학박사(상담자교육 전공)

현 대구한의대학교 청소년교육상담학과 교수

저서: 『청소년상담』(공저, 학지사, 2006), 『성격의 이해와 상담』(공저, 학지사, 2013), 『상담의 이론과 실제』(2판, 공저, 학지사, 2016), 『상담학 사전 1~5』(공저, 학지사, 2016) 등 다수

■ **한일조** (Han, Ill-Jo)

미국 University of Washington 철학박사(교육철학 전공)

현 금오공과대학교 교양교직과정부 교수

저서: 『비교교육발전론』(공저, 교육과학사, 1995), 『교육학의 이해』(공저, 원미사, 2000), 『비교교육학: 이론과 실제』(공저, 교육과학사, 2012) 등 다수

■ **변창진** (Byun, Chang-Jin)

미국 University of Iowa 철학박사(교육심리 및 측정평가 전공)

전 경북대학교 교육학과 교수, 교육부 중앙교육연수원 평가기획부장 등 역임

저서: 『현대수업원론』(공저, 교육과학사, 1991), 『교육심리: 인지발달론적 접근』(공저, 교육과학사, 1995), 『교육평가』(공저, 학지사, 1996) 등 다수

삶과 배려: 배려의 의미와 실천

2017년 1월 10일 1판 1쇄 인쇄
2017년 1월 20일 1판 1쇄 발행

지은이 • 이수연 · 한일조 · 변창진

펴낸이 • 김진환
펴낸곳 • (주) 학지사
04031 서울특별시 마포구 양화로 15길 20 마인드월드빌딩
대표전화 • 02-330-5114 팩스 • 02-324-2345
등록번호 • 제313-2006-000265호

홈페이지 • http://www.hakjisa.co.kr
페이스북 • https://www.facebook.com/hakjisabook

ISBN 978-89-997-1111-4 03180
정가 13,000원

이 도서의 국립중앙도서관 출판시도서목록(CIP)은 서지정보유통지원시스템 홈페이지(http://seoji.nl.go.kr)와 국가자료공동목록시스템(http://www.nl.go.kr/kolisnet)에서 이용하실 수 있습니다.
(CIP 제어번호: CIP2016027732)